Mängelwesen auf dem Mount Improbable

Jonas Grutzpalk

Mängelwesen auf dem Mount Improbable

Soziologische Essays

Bibliografische Information der Deutschen
Nationalbibliothek:
Die Deutsche Nationalbibliothek verzeichnet diese
Publikation in der Deutschen Nationalbibliografie;
detaillierte bibliografische Daten sind im Internet
über http://dnb.d-nb.de abrufbar.

Herstellung und Verlag:
BoD - Books on Demand, Norderstedt
ISBN 978-3-7386-3481-5

Vorwort

Als ich im Winter 2009/2010 zum Professor berufen wurde, schienen alle meine Soziologen-Träume wahr geworden zu sein. Wesentlich Schöneres als Hochschullehrer zu werden hätte ich mir schon während meines Studiums nie vorstellen können. Und in der Tat ist der Beruf schön, anstrengend und erfüllend. Ich möchte auf keinen Fall tauschen.

Und doch beschlich mich schon bald nach meiner Berufung eine fundamentale Sorge: ob ich ehrlich und mit gutem Gewissen Soziologie unterrichten könnte. Diese Sorge speiste sich aus zwei Quellen: zum einen hatte ich bis dahin immer nur Spezialsoziologien (der Gewalt, des Rechtsextremismus, des Islamismus oder der Polizei) gelehrt und musste mir eingestehen, dass ich mir die Basisüberlegungen meines Faches erst noch einmal selbst aneignen musste.

Zum anderen sind meine Studenten Leute, die von den an der FHöV gelehrten Fächern erwarten, dass sie „Fakten" liefern, an denen sie sich dann in ihrer Berufswelt als Polizei- oder Kommunalbeamte orientieren können. Aber kann ich guten Gewissens behaupten, die Mängelwesen-Anthropologie der deutschsprachigen Soziologie sei „Fakt"? Weiß die Broken-Windows-Theorie eigentlich was sie aussagen will? Die ihr zugrunden liegenden Experimente jedenfalls lassen zahlreiche Deutungen zu. Wir wissen aus eigener Erfahrung, dass Handeln häufig nicht rational ist. Warum geht die Soziologie mit Parsons dann davon aus, dass soziales Handeln in erster Linie rational gesteuert werde? Und was genau meinen meine Soziologen eigentlich, wenn sie „Gesellschaft" sagen?

Ich kam mir vor, wie ein Theologe, der nach langem Studium nun endlich seine ersehnte Pfarrstelle antritt und plötzlich feststellt, dass er an der Existenz Gottes zweifelt. Einem Kollegen, der sich über solche Gedanken wunderte habe ich einmal versucht, mein Problem wie folgt zu beschreiben: „Wir lehren

Ansichten über das gesellschaftliche Leben, die beim Schein von Öllampen aufgezeichnet wurden." Damit wollte ich vermutlich genau das sagen, was der Buchtitel „Dead White Men"[1] illustrieren möchte: dass wir lehrenden Soziologen im Grunde eine Art philosophische Weltsicht vortragen, die im 19. Jahrhundert in Europa entwickelt wurde, als sei sie „Fakt".

In meiner Not habe ich die Flucht in die Philosophie angetreten. Peter Sloterdijk hat mich dabei besonders begleitet und ich habe viel von ihm gelesen. Philosophische Texte bieten eine Art Epoché, eine Entfremdung unter gleichzeitigem Verbleib. "Die Epoché entspricht hier der Einstellung des Kunden, der über den Markt spaziert, ohne zu kaufen" (Peter Sloterdijk). Ähnlich war es auch bei mir: ich bin über den philosophischen Markt geschlendert, ohne Philosoph zu sein – denn ich bin und bleibe Soziologe. Aber es hat mir gut getan, der soziologischen Autopoiesis zu entfliehen und noch einmal neu über Gesellschaft und ihre Wirkung nachzudenken.

---

[1] Fevre, Ralph und Angus Bancroft: Dead White Men and Other Important People. Sociology's Big Ideas, London 2010.

Die Ideen begannen nun langsam zu sprudeln: was ich an der Soziologie auszusetzen habe, was Soziologen von Philosophen, Anthropologen und Netzwerkforschern lernen könnten, wie die Fragestellung einer anderen Soziologie lauten könnte. Ich habe versucht all diese Gedanken in einzigen Artikel zusammen zu fassen. Das aber wollte nicht gelingen. Ich hätte aus Erfahrung wissen müssen, dass große Würfe so gut wie nie gelingen und dass es meistens evolutionäre Schritte sind, die Entwicklungen ermöglichen.

Meiner Frau verdanke ich die entscheidende Idee in dieser Hinsicht. Sie riet mir dazu, einen Blog einzurichten, in dem ich in unregelmäßigen Abständen meine Überlegungen an die frische Luft setzen könnte. Das habe ich seit September 2011 auch getan. 2013 habe ich dann einen rein soziologischen Blog eingerichtet.

Der erste Beitrag war hier ein Artikel über das Menschenbild der Soziologie. Das nämlich hat mich von Anfang an provoziert. Zu behaupten, der Mensch sei ein „Mängelwesen", das sich mit Hilfe sozialer Institutionen von seiner biologischen Umwelt abgrenzt schien mir nur spärlich verkleidete Metaphysik zu sein. Ich halte es aber für wissenschaftlich anständig und notwendig, sich möglichst eng an beobachtbaren empirischen Befunden zu orientieren und Deutungen oder gar Wertungen so lang wie möglich heraus zu zögern. So verstehe ich auch Max Webers Appell zur Werturteilsfreiheit. Er spricht ja nicht umsonst nicht von Objektivität, (die es gerade im sozialwissenschaftlichen Bereich nicht geben kann), sondern von dem Werturteil, dessen man sich enthalten muss, wenn man etwas über die Wirklichkeit herausbekommen möchte. Und mir schien die These vom Mängelwesen schon in ihrer Begrifflichkeit zu wertend zu sein, um eine werturteilsfreie Bewertung menschlichen Handelns möglich zu machen. Darüber hinaus lässt sie nur wenig Spielraum zwischen instinktivem und rationalem Handeln zu, was der Sache des Menschen ja auch nicht unbedingt gerecht wird.

Der zweite Artikel war eine Hommage an Peter Sloterdijks fast-soziologische Überlegungen zum Zusammenhalt großer Menscheneinheiten, die man auch „Gesellschaften" nennt. Sloterdijk fasst diesen Begriff nur mit rhetorischen Handschuhen an und häufig setzt er ihn in Anführungszeichen. Ich finde nicht, dass Sloterdijk ein besseres Bild von der Gesellschaft zeichnet als die klassische Soziologie, aber ich fand den Gedanken verlockend, seine Idee von der selbsthypnotisierenden Kraft gesellschaftlicher Empörungen einmal ernst zu nehmen und soziologisch zu prüfen.

In zwei weiteren Artikeln habe ich mich mit zwei soziologischen Denkern auseinandergesetzt, die dem, was sich als klassische Soziologie durchgesetzt hat, skeptisch gegenüber geblieben sind. Das ist zum einen Bruno Latour, dessen Bemerkung, Soziologen stellten Gesellschaft gerne mit einer kürbisförmigen Handbewegung dar, mich sehr inspiriert hat. Gabriel Tarde ist wiederum ein Denker, an den ich für mich wichtige Leseerfahrungen anschließen konnte. So sind Micheal Tomasellos Beobachtung zum „Wagenhebereffekt" und die Ergebnisse aktueller Netzwerkforschung recht einfach in das Theoriegebäude Tardes einzupflegen. Nun ist Eleganz kein Beweis für Wahrheit, aber es ist schon erfreulich für einen Wissenschaftler, wenn verschiedene Versatzstücke zusammen genommen Sinn ergeben und ein umfassendes Bild von Wirklichkeit liefern.

Mit dem letzten Artikel habe ich noch einmal den großen Wurf versucht: hier fasse ich meine Kritik an der Lehrbuch-Soziologie darin zusammen, dass ich ihr vorwerfe, allzu leichtfertig mit dem Begriff der „Gesellschaft" umzuspringen. Zudem rege ich an, evolutionslogisch an das Phänomen Gesellschaft heranzugehen und sich ihre beobachtbaren Phänomene als Resultate langfristiger Entwicklungen zu erklären. Um diesen Gedanken zu illustrieren, arbeite ich in diesem Artikel mit der Metapher des Trampelpfades, der keine individuelle Entscheidung ist, aber auch kein „fait social" im Durkheim'schen Sinne.

Nun veröffentliche ich meine Überlegungen aus mehreren Gründen in Buchform: zum einen schließt mein Blog-Anbieter im Dezember 2015 sein Angebot, zum anderen ist es vielleicht auch an der Zeit, die Phase des Zweifelns und Grübelns abzuschließen. Leider kann ich nicht behaupten, „fertig" zu sein und z.B. eine zusammenhängende neue soziologische Theorie entwickelt zu haben.

Der Titel des Bandes erschließt sich bei der Lektüre des letzten Artikels „Soziologie ohne Gesellschaft". Hier berufe ich mich auf Richard Dawkins und seine Illustration des Evolutionsgedankens: wenn man von unten einen auf den Gipfel eines Berges hinaufschaut, wirken die dort sichtbaren Phänomene wie von einem Gott dorthin gesetzt. Das Auge z.B. wirkt dermaßen komplex, dass man sich nicht vorstellen kann, wie es sich evolutionär entwickelt haben könnte. Doch schaut man von der anderen Seite, sieht man einen stetig meandernden Pfad, der erkennen lässt, dass es keines Gottes bedarf, um z.B. ein Auge zu entwickeln, sondern nur viel Zeit. Dawkins nennt diesen zu Illustrationszwecken erdachten Berg „Mount Improbable".

Auch gesellschaftliche Prozesse entstehen nicht über Nacht, sondern sind Folge sehr langer Entwicklungen, die z.T. schon in die Steinzeit zurückreichen. Und spätestens die seit der Bronzezeit gesammelten Texte strahlen noch heute eine enorme Wirkung auf Menschen aus, wenn sie z.B. in die Bibel aufgenommen wurden. Mitunter übersehen Soziologen gerne diese zeitliche Dimension des Sozialen. Weil es mir ein ständiges Anliegen ist, Entwicklungen zu

8

verstehen und nachzuvollziehen, die sich aktuell als soziologische Phänomen darstellen, habe ich die Analogie zur Evolutionslehre gesucht und im Bild des „Mount Improbable" gefunden, der in der deutschen Übersetzung „Gipfel des Unwahrscheinlichen" heißt.

Mängelwesen from outer space. Gedanken zur soziologischen Anthropologie

Frank Schirrmacher hat mit seinem Buch "Ego. Das Spiel des Lebens" ein ökonomisches Menschenbild angegriffen, das im Menschen einen stets rational handelnden egoistischen Nutzenmaximierer sieht. Er weist der Behauptung dieses Menschenbildes gesellschaftsprägende Kräfte zu: ihm sei die aktuelle Lage mit sich häufenden Wirtschaftskrisen zuzuschreiben, es sei Schuld an einer Entmenschlichung der menschlichen Beziehungen. Ökonomen wehren sich gegen dieses Attacke mit dem Hinweis darauf, dass der "Homo oeconomicus" nur ein Denk*modell* sei, dessen Vorhersagekraft noch immer überzeuge.

In Erklärungsnot geraten aber auch andere Wissenschaftszweige, die mit standardisierten Menschenbildern arbeiten (müssen). Als Soziologe interessiert mich natürlich das soziologische Menschenbild, das ich hier in Kürze nachzuzeichnen und zu hinterfragen versuche.

Der Homo Sociologicus: "Übertierisch" und "mangelhaft"

Soziologie interessiert sich für den in einem gesellschaftlich geprägten Ordnungsrahmen handelnden Menschen, also z.B. für den Menschen "als Träger sozial vorgeformter Rollen" (Dahrendorf 1968; S. 20). Insbesondere einer Soziologie, die von einem stets rational handelnden Individuum ausgeht (Parsons 1986; S. 110f.), liegt dabei eine Anthropologie zugrunde, die den Menschen als "übertierisches" "Mängelwesen" versteht (Gehlen 1993; S. 16f.).

"*Übertierisch*" heißt dabei, dass der Mensch der Evolution des Lebens auf wundersame Weise enthoben zu sein scheint. Peter Bamm (1969; S. 17) erklärt die Sonderstellung des Menschen in der Natur so: "Er ragt aus dem Transzendenten in die Natur hinein und über sie hinaus". Und schon Alfred Wallace, zeitgleich mit Darwin Entdecker der Evolutionstheorie, war davon überzeugt, dass die „intellektuellen und moralischen Anlagen" des Menschen „einen anderen Ursprung" als die Evolution haben müssten „und für diesen Ursprung können wir eine Ursache nur in der unsichtbaren geistigen Welt finden" (zit. nach Hemleben; S. 166).

Für die Soziologie bedeutet das, dass z.B. Talcott Parsons Überlegungen zur conditio humana die Sphäre der Werte und die der biologischen Gegebenheiten trennt. "Es ist," so Hartmut Essers Deutung von Parsons Anthropologie "der transzendente Himmel, an dem die Werte des kulturellen Systems hängen" (Esser 1999; S. 392).

"*Mängelwesen*" bedeutet, dass der Mensch *nicht von Natur aus* mit den Eigenschaften ausgerüstet sei, die sein Überleben auf diesem Planeten sicherstellen könnten (Bellebaum 2001; S. 20ff). Ohne Gesellschaft sei zumindest der neugeborene Mensch "rein biologisch gesehen kaum in der Lage, auch nur wenige Stunden zu leben" (König 1965; S. 31). Kraft Einsicht in diese Unfähigkeit, mit der ihm fremden Umwelt fertig zu werden, willige also das außer-evolutionäre Wesen Mensch in die Unterwerfung unter gesellschaftliche Institutionen ein (Eibl 2009, S. 12). Diese Institutionen seien nun wiederum Organe dessen, was sich dem Einzelnen als Gesellschaft auferlege. Ohne sie sei menschliches Dasein lediglich ein "being on animal level" (Luckmann / Berger 1966; S. 51f.). Gesellschaft ist der Mängelwesen-Anthropologie zufolge also der soziale Brutkasten, in dem das biologische Frühchen Mensch überhaupt nur überleben kann.

Der Sozialsphärologe und Philosoph Peter Sloterdijk (2004; S. 704f.) hat seine Skepsis an der Mängelwesen-Anthropologie wie folgt formuliert:

> *"Innerhalb dieser Zeichnung bleibt es aber völlig unklar, wie ein Lebewesen durch natürliche Evolution zu seinen Anfangsmängeln gekommen sein soll. (...) Die sich selbst überlassene Natur kennt keine erfolgreiche Überlieferung von Unangepasstheiten. (...) Es ist ganz abwegig, die Urszene der Menschbildung als den Auftritt eines lebensunfähigen Geschöpfs zu schildern, das sich - kaum in die Mitwelt gesetzt - unverzüglich in die Schutzhülle eines prothetischen Schutzpanzers zurückziehen müsste, um seine biologische Unmöglichkeit zu kompensieren."*

"Natürlich" vs. "sozial"

Die auf der Fiktion des "Mängelwesens" basierenden soziologischen Theorien unter anderem deswegen hinterfragt worden, weil sie einen "natürlichen" von einem "gesellschaftlichen" Menschen unterscheiden (Appiah 2010; S. XIX). Nicht-rationales Handeln kann von solchen Sozialtheorien nur als irrationales oder "mechanisch-instinktives" Verhalten beschrieben werden (Weber 1984; S. 35).

Dass diese Perspektive zu analytischer Sprachlosigkeit führt, zeigt sich besonders dann, wenn die Mängelwesen-Anthropologie Massenphänomene erklären soll. Sie muss dann auf Konzepte wie das (irrationale) „Ur-Selbst" (G.H. Mead) ausweichen, das aber eigentlich „gar kein Selbst" sei (Leys 2009, S. 89f.). Sozialwissenschaftler, die sich mit Massenphänomenen und insbesondere mit Massengewalt beschäftigt haben, haben regelmäßig behauptet, dass das Individuum in der Masse nicht in der Lage sei, sich selbst unter rationaler Kontrolle zu halten. Der Klassiker unter den Fachbüchern zum Thema Massenverhalten ist Gustave Le Bons „Psychologie der Massen". Dort heißt es:

"Das Ausschalten der bewussten Persönlichkeit, der Vorrang der unbewussten Persönlichkeit, die Anfälligkeit gegenüber der Suggestion und

die Infektion der Gefühle und des Denkens (...),
die Neigung, das Gedachte sofort in Taten
umzusetzen, das sind die bestimmenden
Charakterzüge des Individuums in der Masse"
(Le Bon 1912; S. 19).

Es kann vor dem Hintergrund dieses Beharrens auf dem *rational handelnde Akteur* nicht verwundern, dass die Soziologie schon frühzeitig aus der Erforschung von Massenverhalten ausgestiegen ist (Weber 1984; S. 42) und das Feld offensichtlich kampflos Emergenzforschern aus Physik, Verkehrs- wissenschaften, Geographie (Thadeusz 2009) und Insektenkunde (Suarez 2012) abgetreten hat.

Von der Zwickmühle ins Netzwerk

Eine vom rational handelnden Mängelwesen ausgehende soziologische Anthropologie beschreibt also einen blinden Fleck, der es ihr nicht erlaubt, zu sehen, was doch Forschungsgegenstand der Soziologie ist: das Soziale im lateinischen Wortsinn (socius = in Verbindung stehend). Diese Schwachstelle einer auf einer Mängelwesen-Anthropologie basierenden

16

Soziologie ist u.a. von Norbert Elias (1992, S. 88-91) angesprochen worden: es sei nicht genau auszumachen, wo das rationale handelnde Individuum eigentlich aufhört und wo die ihn prägende Gesellschaft anfängt. Elias spricht von der „traditionellen Zwickmühle der Soziologie: ‚Hier Individuum, dort Gesellschaft'".

Beide "Modelle zum Verständnis des menschlichen Verhaltens haben" den Netzwerkforschern Nicholas Christakis und James Fowler (2010; S. 382f.) jedoch "ausgedient". Sie behaupten:

> *"Die Netzwerkforschung ermöglicht dagegen ein vollkommen neues Verständnis der menschlichen Gesellschaft, da sie sowohl Individuen als auch Gruppen betrachtet und sich vor allem mit der Frage beschäftigt, wie sich Erstere zu Letzteren zusammensetzt."*

Netzwerktheorien können also offensichtlich sehr viel über die soziale Welt aussagen. Denn "solange wir die sozialen Netzwerke nicht verstehen, verstehen wir weder uns selbst, noch die Gesellschaft, in der wir leben." (Christakis / Fowler 2010; S. 53). Die Akteurs-Netzwerk-Theorie (ANT) ist einer der Ansätze in der zeitgenössischen Soziologie, die m.E. schon aufgrund ihrer Anthropologie Aufmerksamkeit verdient (vgl. den u.s. Artikel zu dem Thema).

Wer sich darauf einlässt, die soziale Welt als "deeply intertwingled" (Grønbæk / Trigg: 1999; S. 3) wahrzunehmen, bekommt die Möglichkeit einer spannenden und mitunter "richtigeren" Perspektive auf die soziale Welt. Die Anthropologie einer solchen Netzwerksoziologie sieht den Menschen als "*homo dictiyos*" also als grundsätzlich vernetzte Monade, die ihrer (sozialen) Umwelt Sinn unterstellt, andere deswegen nachahmt und so durch einen so genannten Wagenhebereffekt eine Soziosphäre entsteht, die man Kultur nennen kann (z.B. Tomasello 2006, S. 55).

Konversion: Vom Mängelwesen zum nachahmenden Netzwerkwesen

Manchen mag solch ein Perspektivenwechsel dramatisch erscheinen und innere Widerstände auslösen. Julia Sweeney beschreibt einen anderen Prozess des Perspektivwechsels, den der Konversion

18

zum Atheismus, als zuerst furchterregendes Austesten der "nicht-an-Gott-glauben-Brille"

> *"I thought, 'Okay, calm down. Let's just try on the not-believing-in-God glasses for a moment, just for a second. Just put on the no-God glasses and take a quick look around and then immediately throw them off.' And I put them on and I looked around. I'm embarrassed to report that I initially felt dizzy. I actually had the thought, 'Well, how does the Earth stay up in the sky? You mean, we're just hurtling through space? That's so vulnerable!' I wanted to run out and catch the Earth as it fell out of space into my hands. And then I remembered, 'Oh yeah, gravity and angular momentum is gonna keep us revolving around the sun for probably a long, long time." (zit. n. Dawkins 2007; S. 323f.)*

Sloterdijk (2004; S. 707) weist auf die Wurzeln der Mängelwesen-Anthropologie in der Theologie hin, deswegen hinkt der hier vorgeschlagene Vergleich nur ein bisschen. Sloterdijks Hinweis erschließt sich, wenn man sich ansieht, wie noch heute das Konzept der Erbsünde erörtert wird. Es zeigt sich, dass der Mensch theologisch betrachtet als ein (von der Sünde) fehlgesteuertes Mängelwesen verstanden wird, das nur mit Hilfe von Institutionen (Elternhaus) und unter Einsatz mühseliger Dressurverfahren (Erziehung) zum *sozialen* Menschen wird:

> *"Die Sünde überträgt sich von den Eltern auf die Kinder, auch bis in die heutige Zeit. Ein kleines Kind kann noch nicht laufen und sprechen, aber schreien und sich ärgern, wenn es etwas nicht bekommt. Es beißt und schlägt, obwohl ihm das niemand beigebracht hat. Das Sitzen, das Gehen und das Essen mit dem Löffel müssen dem Kind beigebracht werden, auch Gehorsam den Eltern gegenüber muss es lernen. Aber schimpfen, schlagen und lügen braucht man es nicht zu lehren."* (Ev. Missions-Gemeinden 2012; S. 33).

Einer modernen Soziologie stünde es gut zu Gesicht, sich um eine Anthropologie des Menschen zu bemühen, die den *homo dictiyos* als ihr Leitbild annimmt. Das würde bedeuten, sich von theologischen Ansichten über die sünd- und mangelhafte "Natur" des Menschen zu verabschieden. Dass dieser Abschied nicht leicht fällt, zeigt sich an der aktuellen Soziologie, die noch immer in vielen ihrer Lehrbüchern hartnäckig am Mängelwesen-Menschenbild festhält. Dass solch eine Perspektive aber auf Dauer überwunden werden kann, zeigt uns Julia Sweeney.

Literatur

Appiah, Kwame A. (2010): The Honor Code. How Moral Revolutions Happen; New York

Bamm, Peter (1969): Adam und der Affe. Essays; München/Zürich

Bellebaum, Alfred (2001): Soziologische Grundbegriffe; Stuttgart, Berlin, Köln

Christakis, Nicholas und James Fowler (2010): Connected! Die Macht sozialer Netzwerke und warum Glück ansteckend ist; Frankfurt a.M.

Dahrendorf, Ralf: Homo Sociologicus. Ein Versuch zur Geschichte, Bedeutung und Kritik der Kategorie der sozialen Rolle; Köln und Opladen 1968.

Dawkins, Richard (2007): The God Delusion; London

Deleuze, Gilles und Félix Guattari (1977): Rhizom; Berlin.

Durkheim, Emile (1995): Die Regeln der soziologischen Methode; Frankfurt

Eibl, Karl (2009): Kultur als Zwischenwelt. Eine evolutionsbiologische Perspektive.

Elias, Norbert (1992): Figuration; In: Grundbegriffe der Soziologie; Bernhard Schäfers (Hrsg.); Opladen (3. Aufl.); S. 88-91.

Gehlen, Arnold (1993): Der Mensch. Seine Natur und seine Stellung in der Welt; In: Arnold Gehlen. Gesamtausgabe. Der Mensch. Textkritische Edition, Teilband 1; K.S. Rehberg (Hrsg.) Frankfurt a.M.

Esser, Hartmut (1999): Soziologie. Allgemeine Grundlagen, Frankfurt

Evangelische Missions-Gemeinden (Hrsg.): Das müssen alle Menschen wissen! Marienheide 2012

Grønbæk, Kaj und Randall H. Trigg: From Web to Workplace. Designing Open Hypermedia Systems; Aarhus 1999.

Hemleben, Johannes (2004): Darwin. Mit Selbstzeugnissen und Bilddokumenten, Reinbek bei Hamburg.

Holzer, Boris (2006): Netzwerke; Bielefeld.

König, René (1965: Der Mensch in der Sicht der Soziologie; In: Soziologische Orientierungen; Köln/Berlin; S. 29-44.

Le Bon, Gustave (1912): Psychologie des Foules; Paris

Leys, Ruth (2009): Meads Stimmen. Nachahmung als Grundlage oder Der Kampf gegen die Mimesis; In: Soziologie der Nachahmung und des Begehrens.

Materialien zu Gabriel Tarde; Christian Borch und Urs Stäheli (Hrsg.); Frankfurt a.M.; S. 62-107.

Luckmann, Thomas und Peter Berger (1966): The Social Constructio of Reality: A Tratise on the Sociology of Knowledge; New York

Schirrmacher, Frank: Ego. Das Spiel des Lebens; München 2013.

Sloterdijk, Peter (2004): Sphären III. Schäume; Frankfurt a.M.

Suarez, Daniel (2012): Kill Decision; New York.

Tomasello, Michael (2006): Die kulturelle Entwicklung menschlichen Denkens; Frankfurt a.M.

Warnke, Martin (2011): Theorien des Internet zur Einführung; Hamburg

Weber, Max (1984): Soziologische Grundbegriffe; Tübingen

Empörung und Integration. Peter Sloterdijk als Soziologe

Wie entstehen soziale Innenräume?

Menschengruppen grenzen sich von anderen Menschengruppen ab. Das ist die vielleicht banalste und zugleich weitreichendste Aussage der Soziologie. Dennoch sind Menschengruppen mehr als reine Abgrenzung von anderen. Sie haben auch ein Innenleben.

In seiner „Sphärologie" beschäftigt sich Peter Sloterdijk mit den sozialen Innenräumen, in denen sich der Mensch zeit seines Lebens bewegt: angefangen bei der Mirkosphäre des Mutterleibs über die Klangsphäre der Familienfeier bis hin zur konditionierten Atmosphäre der Shopping-Mall. Eine der wichtigsten Fragen unserer Zeit ist, wie groß diese sozialen Innenräume überhaupt sein können, ohne an Spannung und Glaubwürdigkeit zu verlieren. Das ist aus soziologischer Sicht durchaus eine relevante Frage, weil die Erfahrung zeigt, dass z.B. real existierende Nationalstaaten genau daran zerbrechen, dass ihre Einwohner nicht mehr daran glauben, dass ihr Staat mit ihnen etwas zu hat.

Was hält Massengesellschaften zusammen?

Würde jeder Bundesbürger mit einem Buchstaben oder Satzzeichen dargestellt, so wäre er ein Lautzeichen in einem über 60.000-seitigen Buch. In welchem thematischen Gesamtzusammenhang er mit den anderen Buchstaben steht, lässt sich nicht so ohne weiteres feststellen. Soziologische Vorschläge für mögliche Buchtitel wie „Arbeitsteilung", „Sprache" oder „Herkunft" klären den Zusammenhang der Menschen in diesem Riesenkollektiv jeweils nur unzureichend: die Ausnahmen (z.B. Rentner, sprachliche und ethnische Minderheiten etc.) sind jeweils zu bedeutend, um ignoriert werden zu können. Was führt also dazu, dass Großgesellschaften dennoch auf den äußeren Betrachter so wirken können, als verfügten sie über ein überindividuelles „eigenes Leben" (Durkheim)?

Eine originelle Idee hat Peter Sloterdijk schon 1998 vorgetragen, ohne, dass sie nach meiner Erkenntnis bislang in der Soziologie hinreichend gewürdigt worden ist: die Darstellung von Nationalstaaten als „psycho-politische Stressgemeinschaften". Was Sloterdijk damit meint, führt er wie folgt aus:

„Sie sind somit von radikal autoplastischer Natur, denn sie existieren nur in dem Maß, wie sie sich selbst erregen, und sie erregen sich nur in dem Maß, wie sie sich selbst ihren Grund, zu sein, in machtvollen fiktiven Erzählungen und autosuggestiv stressierenden Meldungen vorsagen." (P.S.: Der starke Grund, zusammen zu sein).

Autosuggestiver Stress?

Nationalstaaten wären demnach die Großkollektive, die sich regelmäßig selbst in Panik versetzen und in allgemeiner Erregung über ihren Grund, eine Nation zu sein, debattieren. Ich möchte diese Idee aufnehmen, aber den Begriff ändern und schlage vor, Nationalstaaten als Empörungskollektive zu verstehen, deren Bewohner sich über innere und äußere Geschehnisses in der Art unterhalten, dass sie sich gegenseitig bestätigen, dass die Nation noch da ist und man sich nicht (wirklich) um ihren Bestand Sorgen machen muss. So gesehen ist es erst dann um einen nationalen Zusammenhalt schlecht bestellt, wenn sich niemand mehr über den Inhalt der „großen Erzählung" empören möchte, die eine Nation mantramäßig sich selbst erzählt.

Wahrscheinlich ist Sloterdijks Idee zwar witzig, aber letztlich genau so viel oder wenig tragfähig, wie die eben genannten soziologischen Beschreibungsversuche, aber ich finde es einen Versuch wert, sich die Frage zu stellen, wie ein Empörungskollektiv sich einer der zentralen Fragen jeder Nation stellt: der Integration. Egon Friedell schreibt, es lasse sich ein roter Faden jungendkultureller Empörungsbewegungen in Deutschland seit dem späten 18. Jahrhundert ausmachen, der bis in seine Zeit fortwirke:

„Wir können die Sturm- und Drangbewegung vielleicht unserem Verständnis näher rücken, wenn wir sie mit der naturalistischen und der expressionistischen vergleichen. Die Unterschiede sind nicht so groß (...). Der Vorgang war in allen drei Fällen prinzipiell der gleiche. Eine ,fordernde' Jugend erhebt ein großes Geschrei gegen alles Bisherige, das bloß abgelehnt wird, weil es das Bisherige ist. Sie sprengt alle Formen oder glaubt es zu tun: in

Wirklichkeit schafft sie eine neue Form. Sie kommt allemal ‚von unten', vertritt die Rechte eines bisher unterdrückten Standes, ist betont polizeiwidrig und so weit als möglich nach links orientiert: 1770 demokratisch, 1890 sozialistisch, 1920 kommunistisch." (E.F.: Kulturgeschichte der Neuzeit).

Integration durch Empörung?

Der leicht sarkastische Tonfall Friedells sollte nicht über die enorme Integrationsfähigkeit solcher Bewegungen hinwegtäuschen. Sie bilden den Quell jener „autosuggestiv stressierender Meldungen", die Sloterdijk – ebenfalls nicht ohne Hohn – „starken Grund, zusammen zu sein" ausgemacht hat. Denn: wer die Extegration "eines bisher unterdrückten Standes" anprangert, fordert eine Erweiterungsrunde der gesellschaftlichen Integration ein, hinter die man dann nicht mehr zurück gehen kann, ohne als "altmodisch" zu gelten.

Es ist deswegen m.E. falsch, sich nur spöttisch über die Empörungen unserer Zeit und ihre Träger (z.B.

„Wutbürger") zu unterhalten. Vielmehr sollten wir der Frage nachgehen, ob nicht tatsächlich ein reales Integrationspotential in einer Empörung steckt, die sich gegen soziale Ausgrenzung richtet. Dass empörende Bewegungen, wie Friedell betont, in Deutschland traditionell „polizeiwidrig" sind, ist zwar bedauerlich, aber ein Wandel von Polizei und Polizeikultur ist ja nicht ausgeschlossen. Dieser Wandel ist m.E. in der vermehrten Öffentlichkeitsarbeit und der (vielerorts akademisierten) Ausbildung der Polizei zu beobachten. Er kann im besten Fall dazu führen, dass die von Friedell beobachtete Tradition der Polizeiwidrigkeit an Bedeutung verliert.

Empört Euch!

Sich aber angesichts von Ausgrenzung, Diskriminierung und Verspottung zu empören, kann von integrativer Wirkung sein. Albert Camus (1987; S. 21) regt diesen Gedanken an, wenn er schreibt: "Ich empöre mich, also sind wir." Stéphane Hessels legendärer Aufruf „Empört Euch!" ist so gesehen mehr als ein Bekenntnis zur „psycho-politische Stressgemeinschaft". Er ist ein Aufruf zur gesellschaftlichen Integration in modernen Massengesellschaften und darüber hinaus. Wir sollten auf ihn hören.

Soweit ich die Akteurs-Netzwerk-Theorie (ANT) verstanden habe

Die ANT ist nach Aussage ihres prominentesten Denkers, Bruno Latour, „eine von vielen anti-essentialistischen Bewegungen", die die Soziologie seit ihrer Entstehung begleiten (Latour 2006; S. 567). Ihnen ist gemeinsam, dass sie ein Zweifel an der Behauptung umtreibt, Gesellschaft lasse sich beschreiben, als stehe der Soziologe jenseits von ihr und könne sie wie einen „Apfel in des Menschen Hand" (Jünger 1980; S. 212) betrachten und analysieren. Bruno Latour benutzt das Bild des Kürbisses, den Soziologen in die Luft malen, wenn sie von „Gesellschaft" sprechen, so als wüssten sie, dass Gesellschaft wie ein Kürbis aussieht. Das Problem, das Latour dabei insbesondere sieht ist, dass zwar die menschlichen Akteure einer Gesellschaft, nicht aber deren Form unmittelbar zu erkennen ist:

> *"Jenes 'Gesamtbild', das die Soziologen gern mit einer typischen Geste begleiten, indem sie mit den Händen einen Umriss in der Größe eines Kürbis in die Luft zeichnen, ist immer einfacher und lokalisierter als die Myriaden von*

Monaden, die nur zum Teil in ihm Ausdruck finden: Ohne sie könnte es nicht sein, doch ohne es wären sie immer noch etwas. " (Latour 2009a, S. 51)

Mit „Monade" greift er begrifflich auf die Theorie von Gottfried Wilhelm Leibniz (1646-1716) zurück, der sich in seiner "Monadologie" gefragt hatte, wie das Einzelne (die „Monade") beschaffen sein müsse, aus dem sich das Ganze zusammenstellt (Leibniz 1998). U.a. sieht Leibniz in der Monade den "Appetit" am Werk - den "Wechsel oder den Übergang von einer Perzeption zur anderen" (Leibniz: Monadologie §15). Das lateinische Wort „appetere", auf das der deutsche „Appetit" zurückgeht, lässt sich mit „begehren" übersetzen. Die Monade begehrt von sich aus eine Verbindung mit anderen. Assoziationen zu bilden, so ließe sich hier schlussfolgern, liegt in der Natur des Menschen. Das Soziale zwingt sich ihm so gesehen nicht auf, der Mensch bringt den Appetit auf Verbindung bereits mit.

Hier zeigt sich, dass die ANT eine Frage ganz von vorne aufrollt, die die Soziologie seit ihrem Anbeginn geklärt zu haben glaubte: wie, auf welche Art und mit wem Menschen sich zu größeren Verbänden assoziieren und welche Auswirkungen dieses Assoziationen auf die Individuen haben. Eine „allumfassende soziologische Sichtweise" (Tarde 2009b; S. 58) lehnt die ANT dabei ab. Sie wirft der wohl klassisch zu nennenden Soziologie vor, Explanans und Explanandum zu verwechseln, wenn sie das Soziale als „Realität sui generis" (Durkheim 1995; S. 109) beschreibe, das sich den Individuen zwingend auferlege (Latour 2010; S. 31). Vielmehr müsse das Soziale als „Verbindungsprinzip", als Assoziation von Monaden verstanden werden, deren Netzwerke durch Innovation und Imitation gestaltet und aufrecht erhalten werden (Tarde 2009a; S. 81ff.).

Angesichts einer solchen Perspektive auf assoziierte Netzwerke kann es nicht verwundern, dass die ANT kaum Verständnis für die Systemtheorie hegt (Latour 2010; S. 270). Die, so Niklas Luhmann (1974, S. 142), orientiert sich insbesondere an den *Grenzen* zwischen dem sozialen System und seiner Umwelt. Dass sich auch Assoziationen durch Abgrenzung auszeichnen, gesteht Latour (2010: 59) zwar wie folgt ein: „Wenn irgendeine Bindung betont wird, so erfolgt stets ein

Vergleich mit anderen konkurrierenden Bindungen." Es zeigt sich aber, dass sich anhand der Systemgrenzen für den ANT-Forscher nichts erkennen lässt, denn es sind die Assoziationen, die konkurrieren und sich abgrenzen, nicht die Grenzen, die die Assoziationen schaffen. Wer die Assoziationen verstehen möchte, muss sich mit *ihnen* beschäftigen, und nicht mit ihren Grenzen (so sie überhaupt welche haben).

Ihre eigenwillige Methode ist zu einer Art Markenzeichen der ANT geworden: den Akteuren wird nachgelaufen, sie werden daraufhin beobachtet, mit wem oder was sie wie interagieren und was ihr Handeln beeinflusst (Ruffing 2009; S. 45). Diese ethnographische Methode, die eher im Zusammenhang mit der Erforschung von „Ritualen in Neu Guinea oder der Folklore der schottischen Highlands" vermutet würde (Latour 2009b; S. VI), ist direkter Ausfluss einer radikalen Ablehnung des Gedankens, Soziologen wüssten mehr über „die Gesellschaft" zu sagen als die Menschen, die in ihr leben. In den Worten Latours heißt das:

> *„Wir wollen nicht vorschnell behaupten, die Akteure wüssten vielleicht nicht, was sie tun, wir*

Sozialwissenschaftler jedoch wüssten, dass es eine soziale Kraft gibt, die sie dazu bringt, Dinge unwissentlich zu tun. " (Latour 2010, S. 82)

Der ANT-Soziologe tritt somit, so Peter Sloterdijk (2010, S. 143) nicht mehr als externer „Botschafter aus der Welt der Ideen" auf und wichtiger noch: er darf „sich nicht mehr auf die Mission berufen, in einer Gesellschaft von Ignoranten externes Wissen zu vertreten." Soziologie wird von Vertretern der ANT dementsprechend „nicht als ‚Wissenschaft vom Sozialen'" sondern „als das Nachzeichnen von Assoziationen" definiert (Latour 2010; S. 17). Damit sucht Latour Anschluss an eine Tradition der Soziologie, die in der Assoziation ihren Forschungsgegenstand sieht. Der biologische Studienbereich der Pflanzensoziologie erinnert an diese Sicht der Dinge, wenn sie ihren Forschungsgegenstand in den "sich nach floristischer Zusammensetzung, Physiognomie und ökologischen Ansprüchen mehr oder weniger stark gleichen Pflanzenassoziationen" erkennt (Pott 1995; S. 27).

Sozialwissenschaftliche Forschung kann also versuchen, die Netzwerke der Assoziationen zu ergründen, die Menschen eingegangen sind. Dabei wird ihm auffallen, dass die Unterscheidung zwischen menschlichen Akteuren und nicht-menschlichen Aktanten zunehmen schwer fällt. Denn die Handlungstheorie der ANT definiert Handeln als "nichts anderes, als dass etwas (...) durch eine Folge von elementaren Transformationen (...) andere Akteure modifiziert" (Latour 2010b; S. 108). Diese Modifikation des Handels kann für den Beobachter sowohl durch eine Person als auch durch eine Sache ausgelöst werden. Wer einem Akteur durch sein Netzwerk folgt, wird feststellen, dass z.B. ein Gewicht am Zimmerschlüssel einen Hotelgast dazu bewegt, den Schlüssel an der Rezeption abzugeben, statt ihn einzustecken und mitzunehmen (Latour 2007; S. 52). Der Aktant Gewicht hat hier den Akteur Hotelgast in seinem Handel beeinflusst.

Grundsätzlich geht die ANT davon aus, dass die Trennung von Natur und Gesellschaft ein folgenschweres Gedankenexperiment der westlichen Moderne gewesen sei und dass die beobachtbaren Netzwerke keinen erkennbaren Unterschied zwischen menschlichem und sächlichem Akteur machen können (Latour 1997, S. 15, S. 47).

Auch die in der Soziologie so klassische Unterscheidung von Mikro- und Makroebene verliert für die ANT an Bedeutung:

> *„Akteur und Netzwerk (...) bezeichnen zwei Gesichter desselben Phänomens, wie Wellen und Partikel: das langsame Erkennen, dass das Soziale eine bestimmte Art von Zirkulation ist, die endlos reisen kann, ohne jemals auf die Mikro-Ebene (...) oder auf die Makro–Ebene (...) zu treffen."* (Latour 2006; S. 561-572)

Den Konzept des Netzwerkes hat die ANT namentlich von den Philosophen Gilles Deleuze und Félix Guattari übernommen (Latour 2006, S. 561), die Ende der siebziger Jahre mit dem Bild des flächig wuchernden Rhizoms die von ihnen als Vielheit (multiplicité) wahrgenommenen Wirklichkeit beschreiben wollten. Deleuze und Guattari (1977; S. 11) zufolge ermöglicht es dieses Bild, die Wirklichkeit als nicht hierarchisierbar zu erkennen. Denn ihrer Einsicht nach sind „alle

Vielheiten (...) flach, insofern sie alle ihre Dimensionen ausfüllen" (Deleuze / Guattari 1977; S. 14f.). Besonders dieser Gedanke ist in die Sozialtheorie der ANT eingeflossen. So schreibt Bruno Latour (2006; S. 564): „Im Sozialen gibt es keinen Wechsel des Maßstabes. Es ist sozusagen immer flach." Eine Hierarchie zwischen verschiedenen Ebenen, Gesellschaft und Individuum, aber auch zwischen Akteuren und Aktanten ist für den Forscher, der der ANT folgt, nicht erkennbar.

Literatur:

Deleuze, Gilles und Félix Guattari (1977): Rhizom; Berlin.

Durkheim, Emile (1995): Die Regeln der soziologischen Methode; Frankfurt

Holzer, Boris (2006): Netzwerke; Bielefeld.

Jünger, Ernst (1980): Der Friede; In: Sämtliche Werke; Bd. 7; Stuttgart.

Latour, Bruno (1997): Nous n'avons jamais été modernes. Essai d'anthropologie symétrique; Paris

Latour, Bruno (2006): Über den Rückruf der ANT; In: ANThology. Ein einführendes Handbuch zur Akteur-Netzwerk-Theorie; Andréa Belliger, David J. Krieger (Hrsg.); Bielefeld; S. 561-572.

Latour, Bruno (2007): Petites Leçons de sociologie des sciences; Paris

Latour, Bruno (2009a): Gabriel Tarde und das Ende des Sozialen; In: Soziologie der Nachahmung und des Begehrens. Materialien zu Gabriel Tarde; Christian Borch und Urs Stäheli (Hrsg.); Frankfurt a.M.; S. 39-61.

Latour, Bruno (2009b): The Making of Law. An Ethnography of the Conseil d'Etat; Cambridge

Latour, Bruno (2010): Eine neue Soziologie für eine neue Gesellschaft. Einführung in die Akteur-Netz-Theorie; Frankfurt a.M.

Latour, Bruno (2010b): Das Parlament der Dinge. Für eine politische Ökologie; Frankfurt a.M

Leibniz, Gottfried Wilhelm (1998): Monadologie; Stuttgart.

Leys, Ruth (2009): Meads Stimmen. Nachahmung als Grundlage oder Der Kampf gegen die Mimesis; In: Soziologie der Nachahmung und des Begehrens. Materialien zu Gabriel Tarde; Christian Borch und Urs Stäheli (Hrsg.); Frankfurt a.M.; S. 62-107.

Luhmann, Niklas (1974): Gesellschaft; In: Soziologische Aufklärung. Aufsätze zur Theorie sozialer Systeme (Band 1); Opladen; S. 137-153.

Pott, Richard (1995): Die Pflanzengesellschaften Deutschlands; Stuttgart

Ruffing, Reiner (2009): Bruno Latour; Paderborn.

Sloterdijk, Peter (2010): Scheintod im Denken. Von Philosophie und Wissenschaft als Übung; Berlin

Tarde, Gabriel (2009a): Die Gesetze der Nachahmung; Frankfurt a.M.

Tarde, Gabriel (2009b): Monadologie und Soziologie; Frankfurt a.M.

Nachahmung. Zur Aktualität der Soziologie Gabriel Tardes

"On imite ... On ne réinvente pas."

Georges Simenon: L'inspecteur malgracieux

Gabriel Tardes (1843-1904) Sozialtheorie wurde in der soziologischen Literatur lange als „psychologisch" abgetan und für den soziologischen Hausgebrauch damit als unbrauchbar verworfen (Bernsdorf 1959). Seit einiger Zeit jedoch entdeckt die Soziologie Gabriel Tarde als einen Klassiker ihres Faches für sich wieder (Borch / Stäheli 2009). Bruno Latour (2010) hat ihn lautstark zu einem Vorvater seiner spezifischen Soziologie proklamiert, was ein zunehmendes Interesse an Tardes Theorien belebt hat.

Anlässlich seines nahenden 110ten Todestages möchte ich im folgenden Artikel nachzeichnen, an welche wissenschaftlichen Diskurse die Nachahmungstheorie Tardes heute Anschluss findet und welchen Nutzen zeitgenössische Soziologinnen und Soziologen aus einer Tarde-Lektüre ziehen können. Dabei wird besonders auf anthropologische Fragestellungen eingegangen, deren Antworten in Bereiche der Ökonomie genauso hineinreichen wie in die Kriminologie und Netzwerkforschung.

Es zeigt sich, dass Tardes Sozialtheorie sich – gemeinsam mit anderen mimetischen Theorien – zu einem Gesamtbild der menschlichen Gesellschaften auftürmen lässt, das den Charme hat, viele Erscheinungen der modernen Welt zu erfassen. Leider bietet sie der Soziologie allerdings kaum Möglichkeiten, sich als als Ingenieurin eines komplexen "social engineering" zu verstehen.

Noch einmal von vorne: was ist Gesellschaft?

Der Jurist, Kriminologe und Soziologe Tarde stellt sich am Anfang seiner Soziologie die gleiche Frage wie die klassischen soziologischen Handlungstheorien auch: wie steht der Einzelne im Verkehr mit den anderen? Dabei greift er auf die Theorie von Gottfried Wilhelm Leibniz zurück, der sich in seiner "Monadologie" gefragt hatte, wie das Einzelne beschaffen sein müsse, aus dem sich das Ganze zusammenstellt. U.a. sieht Leibniz in der Monade den "Appetit" am Werk - den "Wechsel oder den Übergang von einer Perzeption zur anderen" (Leibniz: Monadologie §15).

Tarde geht nun davon aus, dass es menschliche "Gesellschaft" im Sinne einer feststellbaren Entität nicht geben kann: „Streng genommen gibt es das eigentlich Soziale nur in Form der Nachahmung,“ schreibt Tarde (2009b, S. 81). Gesellschaft im Sinne eines geschlossenen sozialen Körpers gibt es für ihn nicht (Latour 2009, S. 51). Kernbegriff seiner Soziologie ist also der der Nachahmung: „Im Sozialen geschieht alles als Erfindung und Nachahmung,“ (Tarde 2009a, S. 27). Der Mensch empfinde ein einzigartiges Vergnügen, „die Vorbilder der tausenderlei uns umgebenden Modelle auf uns wirken zu lassen, gleich wie das Kind Lust daran hat, die Milch der Mutter zu saugen“ (Tarde 1908, S. 93f.). Die Menschenmonade hat also "Appetit", die sich in Nachahmung äußert. Sie verknüpft sich deswegen mit anderen.

Mit der Theorie der Nachahmung hat Tarde eines des zentralen Probleme der klassischen soziologischen Handlungstheorien umgangen, indem er eine Hierarchie zwischen Gesellschaft und Individuum verneint. Er bestreitet sogar, dass es eine überindividuelle Kraft namens „das Soziale" gibt. Stattdessen geht er von der anthropologischen Annahme aus, dass der Mensch sich an anderen Menschen orientiere und sich mit dieser Nachahmung Religion, Sprache, Staat und Gesellschaft erklären ließe. Akteur ist immer nur der Mensch, der allerdings nicht unvernetzt denkbar ist (Tarde 2009b; S. 48).

Man kann über die Aktualität der Thesen Gabriel Tardes nur staunen. Denn dass „der soziale Mensch instinktiv nachahmt" (Tarde 2009, S. 78) ist eine Vermutung, die die zeitgenössische humanbiologische Forschung zu bestätigen scheint: "Wir sind biologisch darauf programmiert, die äußerlichen Handlungen anderer nachzuahmen, und indem wir sie äußerlich nachahmen, nehmen wir ihren inneren Zustand an," schreiben z.B. Nicholas Christakis und James Fowler (2010; S. 59).

Nachahmung im anthropologischen Vergleich

Besonders aber die vergleichende anthropologische Forschung Michael Tomasellos lässt erkennen, dass Tarde in seiner mimetischen Anthropologie Recht zu geben ist: Im Vergleich zum sozialen Handeln unserer nächsten Verwandten im Tierreich stellt Tomasello (2010) nämlich fest, 1. dass Schimpansen nur dann kooperieren, wenn für sie etwas dabei herausspringt, während schon Kleinstkinder unentgeltlich hilfsbereit sind, 2. dass Schimpansen vorzugsweise dann kooperieren, wenn sie sich mit ihren Partnern nicht um Anteile streiten müssen und 3. dass schon Kleinkinder als geltend anerkannte Normen auch gegenüber Dritten durchsetzen - eine Idee, auf die ein Schimpanse nie käme.

Besonders dieser Punkt ist bedeutsam, denn er gibt eine überraschende Antwort auf die Frage, warum Normen Geltung haben. Sie haben Geltung, weil wir ihre Einhaltung gegenüber Dritten einfordern. Ein Experiment, das Tomasello am Max-Planck-Institut für evolutionäre Anthropologie in Leipzig durchführte, dokumentiert, was damit gesagt sein soll: Die zweijährigen Probanden bekamen von erwachsenen

Betreuern eine Aktivität namens „daxing" vorgeführt. Als die Erwachsenen den Raum verließen, kam eine Puppe herein, die mit den Kindern ebenfalls „daxen" wollte, sich dabei aber überaus dumm anstellte. Die Kinder protestierten, das sei kein daxing, daxing gehe in Wirklichkeit anders. Zum Teil machten sie der Puppe vor, wie „richtig" gedaxt werde (Tomasello 2007, S. 124). Dieses Experiment lässt vermuten, dass es tatsächlich in der Natur des Menschen liegt, ein kulturelles Wesen zu sein, Normen (und damit verbundene Rollenvorstellungen etc.) aufzustellen, sich daran zu halten und das auch von Dritten zu fordern.

"Die Menschen sind biologisch daran angepasst, in einem kulturellen Kontext heranzuwachsen. Durch unsere gemeinsamen Bemühungen haben wir unsere eigenen kulturellen Welten geschaffen, und wir passen uns ihnen an" (Tomasello 2010, S. 83).

Dem Gedanken der Nachahmung kommt an dieser Stelle eine entscheidende Bedeutung zu. Wenn wir das Wort wörtlich nehmen wollen, dann bedeutet es, „dem Maß des Vorbildes entsprechend nachgestalten" (Kluge 1989, S. 496). Ein Vorbild wird also beobachtet, seine

Geltung (Maß) wird als gegeben angenommen und sein Vorbild möglichst exakt nachgestaltet. Dieser geht allerdings nie fehlerfrei vonstatten, sondern ist aus unterschiedlichen Gründen variabel. Über Netzwerke der Nachahmung breitet sich schnell eine gewisse Varianzbreite von Imitationen aus, die besonders anschaulich am Phänomen der Mode werden. Nicht umsonst widmet sich Gabriel Tarde (2009a; S. 260-270) diesem Thema mit besonderer Aufmerksamkeit.

Nachahmung führt über den "Wagenhebereffekt" zur Herausbildung von Kultur

Entscheidender Auslöser für die Nachahmung ist, dass wir im nachgeahmten Verhalten einen Sinn vermuten. Mit den Menschenaffen hat der Mensch die Fähigkeit gemeinsam, so Michael Tomasello (2006, S. 37), "externe relationale Kategorien zu verstehen. Hinzu kommt nur eine kleine, aber bedeutende Modifikation in Form von vermittelnden Kräften wie Ursachen und Intentionen." Mit anderen Worten: Der Mensch ist aufgrund einer spezifischen evolutionären Entwicklung in der Lage, nach einem "Warum?" zu fragen und seiner Umwelt (besonders der sozialen) stets Absichten zu unterstellen. "Es ist wahrscheinlich, dass diese metaphysische Sehnsucht nach Sinn, Struktur, Regelhaftigkeit so etwas ist wie die anthropologische Konstante, ein fester Bestandteil unseres Gehirns," schreibt Philipp Blom (2011) dazu.

Diese dem Menschen eigenartige Sinn-Unterstellung macht ihn besonders anfällig für die Vermutung, dass im vorgelebten Vorbild eine nachahmungswürdige Handlung zu erkennen sei. Dabei ist bedeutsam, dass es vermutlich nur die Spezies Mensch es als nicht nur ratsam, sondern als notwendig ansieht, dem Beispiel anderer zu folgen und Verhaltensformen, Gesten, Laute und Überzeugungen etc. nachzuahmen. Diese Nachahmungssysteme wiederum können über einen fortlaufenden und aufeinander aufbauenden Prozess des Lernens voneinander (den so genannten „Wagenhebereffekt" (Tomasello, Tennie & Call 2009)) zu Traditionen und Kulturen heranwachsen. Menschliche Kultur ist so gesehen in der Tat am Besten als ein kumulativer Trend zu verstehen, "der nur aufgrund des Ineinandergreifens von biologischen und kulturellen Faktoren erfolgreich werden konnte" (Sloterdijk 2004; S. 705).

Wie man sich den Wagenhebereffekt im Groben vorstellen kann, haben Tomasello, Tennie und Call (2009; S. 2405) wie folgt beschrieben:

> "*From the point of view of process, a key feature of uniquely human cultural products and practices is that they are cumulative. One generation does things in a certain way, and the next generation then does them in that same way—except that perhaps they add some modification or improvement. The generation after that then learns the modified or improved version, which then persists across generations until further changes are made. Human cultural transmission is thus characterized by the so-called 'ratchet effect', in which modifications and improvements stay in the population fairly readily (with relatively little loss or backward slippage) until further changes ratchet things up again.*"

Kernbegriff dieser kumulativen Entwicklung von Kultur ist der der "faithful transmission" - man könnte auch sagen: der Nachahmung. Schon Gabriel Tarde (2009a, S. 65) sah diesen Effekt der kumulierender Entwicklung der Kultur:

> *„Dieses Feuer, das sich durch Nachahmung ausbreitet, ist die eigentliche Ursache, die conditio sine qua non. Jene ursprüngliche Handlung der Vorstellungskraft bewirkt nicht nur direkt daraus hervorgehende Nachahmungshandlungen, sondern auch alle weiteren Handlungen der Vorstellungskraft, die von ihr angeregt wurden und die wiederum selbst weitere anregten und immer so weiter.“*

Die „Gesetze der Nachahmung", die Gabriel Tarde vor über 110 Jahren als Grundlage seiner Soziologie aufstellte, und in denen auch er eine Theorie des Wagenhebereffekts avant la lettre entwickelte scheinen sich also in der anthropologischen Forschung unserer Zeit zu bestätigen.

Auch die Forschung über künstliche Intelligenz hat einen vergleichbaren Wagenhebereffekt entdeckt. Der belgische Kommunikationswissenschaftler Luc Steels hat Versuche mit Robotern durchgeführt, die sich in einem Prozess gegenseitiger Beobachtung miteinander auf eine „Sprache" einigen sollten, was ihnen auch gelang. Ein dritter hinzukommender Roboter konnte dieses Roboter-Idiom schneller lernen, weil es nun schon vorhanden war. Es ließ sich beobachten, dass Roboter, die nun wiederum die „Sprache" unterrichteten, Regeln für ihre Instruktion aufstellten, die die ersten „Erfinder" der Sprache gar nicht vorgesehen hatten. Die Sprache entwickelte sich durch Nachahmung losgelöst von ihren Erfindern weiter (Steels 2003, S. 308-312). Dieses Beispiel zeigt sehr schön, wie sehr gegenseitige Beobachtung und das Unterstellen von Absichten und Regeln den Wagenhebereffekt auch beim Menschen begünstigen können.

Nachahmung führt aber auch zu Neid und Konflikten

Nun zielt nicht jede Nachahmung auf Gegenseitigkeit und zwischenmenschliche Güte ab, sondern sie kann auch – in Form der Rivalität – für Menschengruppen gefährlich werden, indem sie in Gewalt umschlägt. Und genau das ist der Gegenstand der „mimetischen Theorie" des Religionswissenschaftlers René Girard. Wie Nachahmung zu Gewalt werden kann, erklärt Girard (2010, S. 1) wie folgt:

> *„Wir stehen weit mehr im Wettbewerb miteinander, als aggressiv zu sein. Zusätzlich zu den Gelüsten aber, die wir mit den Tieren gemeinsam haben, gibt es in uns ein weitaus komplexeres Verlangen, das kein durch den Instinkt bestimmtes Objekt besitzt: das Begehren. Wir wissen buchstäblich nicht, was wir begehren, und um es herauszufinden, beobachten wir die Menschen, die wir verehren: Wir imitieren deren Begehren. Sowohl die Leitbilder als auch die Imitatoren desselben Begehrens begehren unausweichlich dasselbe Objekt und werden daher zu Rivalen."*

Die von Tarde und Girard behauptete und von Tomasello überzeugend bestätigte mimetische Natur des Menschen birgt also ein kolossales Gewaltpotential gerade darin, dass die Menschen sich aneinander orientieren. Der (potentielle) Gewalttäter ist aus der Perspektive Girards also nicht a-sozial, sondern in gewisser Hinsicht sogar hyper-sozial, weil er der Nachahmung anderer eine übertriebene Aufmerksamkeit schenkt.

René Girard geht davon aus, dass Gewalt ein dermaßen beeindruckendes Phänomen sei, dass jeder Gesellschaft daran gelegen sei, sie gar nicht erst aufkommen zu lassen. Besonders ihr epidemischer Charakter, ihr plötzliches, unvermutetes Ausbrechen habe Menschen in „primitiven" Gesellschaften dazu veranlasst, dem in ihnen schlummernden Gewaltpotential mitunter Luft zu verschaffen, um so die Gefahr eines unkontrollierten Ausbruchs von Gewalt zu bannen. In diesen Gesellschaften, die noch keine institutionalisierten Formen der Gewalteindämmung kennen, habe das religiöse - zumeist blutige - Opfer die Funktion einer „Ersatzgewalt" (violence de rechange (Girard 1972, S. 21)). Nicht die Versöhnung mit einer oder mehreren Gottheiten sei das eigentliche Ziel gerade des blutigen Schlachtopfers, sondern die Präsentation der Gewalt an einem Dritten. Weil die Gewalt in „primitiven Religionen" als ansteckend erfahren wird, sucht man sie als soziales Übel auf das Opfertier zu übertragen und somit aus der Gesellschaft herauszuschaffen. Der eigentliche, ursprüngliche Sinn und auch Zweck eines Opfers war, so Girard, den verborgenen Blutdurst der Gesellschaftsmitglieder zu stillen, der sich sonst unkontrolliert entladen würde. So ist es Girard (1972, S. 52) zufolge „die Gewalt, die den wahren Kern und die verborgene Seele des Heiligen ausmacht."

In modernen Gesellschaften wird dieser präventive Aspekt des Heiligen als eine Art Impfung der Gesellschaft gegen Gewalt vergessen. Die Einrichtung eines Gewaltmonopols in modernen Gesellschaften, die Girard (1972, S. 38) auch „polizeiisiert" (sociétés „policées") nennt, macht ein Ablenken der Gewalt auf ein unschuldiges Opfer unnötig. Gewalt wird unterbunden. Dort wo sie auftaucht, wird sie durch einen staatlich dazu befugten Apparat falls notwendig auch gewaltsam unterdrückt. Die Angst, die vorpolizeiliche Gesellschaften vor einem unerwarteten Ausbruch der Gewalt haben mussten, wird durch einen staatlichen Zwangsapparat genommen. Girard sieht aber letztlich allein im Christentum die Religion, die es erfolgreich geschafft hat, die soziale Sprengkraft der

Mimesis zu überwinden. Peter Sloterdijk (2002, S. 251) hat zu Recht darauf hingewiesen, dass Girard seiner Theorie mit dieser Wendung keinen Gefallen getan hat:

> *„Zum Schaden für sein eigenes Projekt hat Girard kaum Notiz davon genommen, dass manche nicht-christliche Kulturen in ihrer Therapie des Begehrens (...) ebenso weit gelangt sind wie die Dekalog-Religionen."*

Dennoch ist Girards Nachahmungstheorie erfolgreich in wirtschaftswissenschaftliche Überlegungen integriert worden. Michel Aglietta und André Orléans haben schon 1982 die "mimetische Hypothese" formuliert, dass sich mit Hilfe der Nachahmungstheorie Girards auch ökonomisches Verhalten erklären lasse. Im u.a. von Orléan herausgegebenen "Manifest der entgeisterten Ökonomen" wird der "neoliberalen Vison" des rational handelnden Akteurs eine Absage erteilt und statt dessen festgesellt, dass ökonomisches Nachahmeverhalten immer wieder zu Zusammenbrüchen von Märkten führt, weil die Akteure sich nicht rational verhalten, sondern einander nachahmen (Manifeste 2010; S. 15).

Nachahmungswellen werden in der Kriminologie mit Epidemien verglichen

Eine andere Anwendung mimetischer Theorien unter dem Hinweis auf eine mögliche "mimetische Verpestung" (Sloterdijk 2004; S. 723) ist unter dem Titel „Broken-Windows"-Theorie bekannt geworden, die in den Worten Robert Wassermans (1998, S. 68f.) zusammengefasst folgendes besagt:

> *„Wenn Störungen der öffentlichen Ordnung nicht geahndet werden, eskalieren sie zu schweren Straftaten. Wenn in einem Stadtviertel eine zerbrochene Fensterscheibe nicht repariert wird, gehen immer mehr Fensterscheiben zu Bruch. Irgendwann versinkt das Stadtviertel im Chaos, und die Kriminalität blüht und gedeiht."*

Die zerbrochene Fensterscheibe wurde so zu einem Synonym für die krimino-mimetische Ansteckungsgefahr, die einer Gesellschaft inhärent ist. Sie wurde als Appell für präventives Handeln gewertet. Die epidemiologische Begründung für den Anstieg der Kriminalität in New York mündete in einer ebenso epidemiologisch inspirierten Polizeistrategie: Null Toleranz gegenüber möglichen Infektionsträgern sollte eine weitere Verbreitung des Verbrechens in der Stadt eindämmen (Gladwell 1996). Der Erfolg schien der Sache Recht zu geben, doch wiesen vergleichende Studien schon bald darauf hin, dass auch anderorts die Kriminalitätsrate sank, obwohl z.B. in San Diego keine Zero-Tolerance-Strategie gefahren worden war (Greene 1998; S. 49-66). Steven Lewitt und Stephen Dubner (2004) erklären das mit dem allgemeinen Geburtenrückgang in den USA: Weil weniger potentielle kriminelle Akteure geboren worden waren, waren ihrer Ansicht nach weniger kriminelle Akteure aktiv.

Fazit

Solche Überlegungen ermuntern zur Demut und zur Vorsicht bei der konkreten Anwendung von Nachahmungstheorien: wir wissen noch viel zu wenig über den "Tanz der Einflüsse" (Dobelli 2011) in einer Welt, in der alles "deeply intertwingled" zu sein scheint um wieder zur Fiktion des "social engineering" zurückkehren zu können, das die Soziologie in ihrer optimistischen Phase noch für möglich gehalten hatte (Richter 2012).

Es ist angesichts einer wachsenden humanen Weltbevölkerung darüber hinaus feststellbar, dass sich Nachahmungsnetze höchst unterschiedlicher Art über den Globus spannen. Der Medienforscher Heiko Christians (2008) hat am Beispiel des Amoklaufes gezeigt, welchen komplizierten Verästelungen mimentische Prozesse über diverse Medien erfahren. Nachahmung ist ein komplizierter Prozess, lässt sich aber mit Hilfe von Computertechnologie deutlicher veranschaulichen als das jemals zuvor möglich war (Christakis & Fowler 2010). An ihrer zentralen Bedeutung für die Soziologie kann kein Zweifel mehr herrschen. Gabriel Tarde verdankt die Disziplin eine als klassisch zu bezeichnende zusammenhängende Theorie des Mimetischen.

Literatur:

Aglietta, Michel und Andre Orleans (1982): La Violence de la monnaie; Paris

Annhäuser, Marcus (2007): Egoismus schafft Gemeinsinn; In: MaxPlanckForschung 4; S. 38-43.

Bernsdorf, Wilhelm (Hrsg.) (1959): Internationales Soziologenlexikon; Stuttgart.

Blom, Philipp (2011): Eine neue Aufklärung? In: Recherche. Zeitung für Wissenschaft 3; S. 12f.

Borch, Christian und Urs Stäheli (Hrsg.) (2009): Soziologie der Nachahmung und des Begehrens. Materialien zu Gabriel Tarde; Frankfurt a.M.

Bredekamp, Horst (2006): Darwins Korallen. Frühe Evolutionsmodelle und die Tradition der Naturgeschichte; Berlin.

Christians, Heiko (2008): Amok. Geschichte einer Ausbreitung; Bielefeld

Christakis, Nicholas und James Fowler (2010): Connected! Die Macht sozialer Netzwerke und warum Glück ansteckend ist; Frankfurt a.M.

Girard, René (1972): La violence et le sacrée; Paris.

Girard, René (2010): Gewalt und Religion – Ursache oder Wirkung? Über den Mob, das ritualisierte Menschenopfer, die mimetische Krise und den Erhalt des sozialen Friedens; In: Recherche. Zeitung für Wissenschaft 3 /; S. 1; S. 10.

Girard, René (2011): Sacrifice; East Lansing.

Gladwell, Malcolm (1996): The Tipping Point. Why is the city suddenly so much safer? Could it be that crime really is an epidemic?; In: The New Yorker Juni; S. 129-140

Greene, Judith (1998): Leitbild USA? Zero Tolerance. Eine Untersuchung der Polizeipolitik und –praxis in

New York City; mit Kriminalität; In: New York! New York? Kriminalprävention in Metropolgen; FES (Hrsg.); Berlin; S. 49-66.

Han, Byung-Chul (2002): Philosophie des Zen-Buddhismus; Stuttgart

Kluge, Friedrich (1989): Etymologisches Wörterbuch; Berlin

Latour, Bruno (1997): Nous n'avons jamais été modernes. Essai d'anthropologie symétrique; Paris

Latour, Bruno (2001): Das Parlament der Dinge. Naturpolitik; Frankfurt a.M.

Latour, Bruno (2009): Gabriel Tarde und das Ende des Sozialen; In: Soziologie der Nachahmung und des Begehrens. Materialien zu Gabriel Tarde; Christian Borch und Urs Stäheli (Hrsg.); Frankfurt a.M.; S.39-61.

Latour, Bruno (2010): Eine neue Soziologie für eine neue Gesellschaft. Einführung in die Akteur-Netz-Theorie; Frankfurt a.M.

Leibniz, Gottfried Wilhelm (1998): Monadologie; Stuttgart.

Levitt, Steven und Stephen Dubner (2005): Freakonomics. A Roughe Economist Explores the Hidden Side of Everything; London

Leys, Ruth (2009): Meads Stimmen. Nachahmung als Grundlage oder Der Kampf gegen die Mimesis; In: Soziologie der Nachahmung und des Begehrens. Materialien zu Gabriel Tarde; Christian Borch und Urs Stäheli (Hrsg.); Frankfurt a.M.; S. 62-107.

Manifeste d'économistes atterés (2010); Paris

Meulemann, Heiner (2006): Soziologie von Anfang an. Eine Einführung in Themen, Ergebnisse und Literatur; Wiesbaden

Richter, Peter: Die Organisation öffentlicher Verwaltung. In: Maja Apelt und Veronika Tacke (Hrsg.): Handbuch Organisationstypen. Wiesbaden 2012, S. 91-112.

Sloterdijk, Peter (2002): Erwachen im Reich der Eifersucht; Nachwort zu: René Girard: Ich sah den Satan vom Himmel fallen; München.

Sloterdijk, Peter (2004): Sphären III. Schäume; Frankfurt a.M.

Steels, Luc (2003): Evolving grounded communication for robots; In: Trends in Cognitive Science. 7; S. 308-312.

Tarde, Gabriel (1908): Die sozialen Gesetze. Skizze zu einer Soziologie; Leipzig

Tarde, Gabriel (2009a): Die Gesetze der Nachahmung; Frankfurt a.M.

Tarde, Gabriel (2009b): Monadologie und Soziologie; Frankfurt a.M.

Thadeusz, Frank (2009): Weisheit der Menge; In: Der Spiegel 19

Tomasello, Michael (2006): Die kulturelle Entwicklung menschlichen Denkens; Frankfurt a.M.

Tomasello, Michael, Claudio Tennie und Josep Call (2009): Ratcheting up the ratchet: on the evolution of cumulative culture; In: Philosophical Transacrtions of the Royal Society; Band 364; S. 2405-2415

Tomasello, Michael (2010): Warum wir kooperieren; Berlin.

Tomasello, Michael und Melinda Carpenter (2007): Shared Intentionality; In: Development Science 10; S. 121-125

Warnke, Martin (2011): Theorien des Internet zur Einführung; Hamburg

Wasserman, Robert (1998): Lektionen aus den USA im Umgang mit Kriminalität; In: New York! New York? Kriminalprävention in Metropolgen; FES (Hrsg.); Berlin; S. 67-79

„There is no such thing" – Soziologie ohne Gesellschaft

Soziologen sprechen zwar von Gesellschaft und malen sie bei ihren Vorträgen häufig mit kreisförmigen Handbewegungen in die Luft (Latour 2005, S. 186), doch ist die Frage nicht von der Hand zu weisen, dass sie schwer zu packen ist: auf die Frage, was Gesellschaft *genau* ist, kriegen wir einen bunten Strauß an Antworten:

> *„Die Leitfrage ‚In welcher Gesellschaft leben wir eigentlich?' beantworten (...) Soziologen (...) mit verschiedenen Gesellschaftskonzepten (...). Demnach leben wir in der ‚Risikogesellschaft' oder in der ‚Erlebnisgesellschaft' oder in der ‚Postmoderne' oder in der ‚Informations- und Wissensgesellschaft' oder in der ‚Mediengesellschaft'; in der ‚Massengesellschaft' oder in der ‚Konsumgesellschaft' oder in der ‚Beschleunigungsgesellschaft', in der ‚Ironiegesellschaft' oder in der ‚Verantwortungsgesellschaft' oder in der ‚zweiten bzw. reflexiven Moderne', wie Ulrich Beck*

behauptet, und ihm geht es darum, (so sagt er) ,die grundstürzend sich wandelnde, unbekannte Gesellschaft, in der wir leben', auf den Begriff zu bringen " (Fischer 2008).

Die Frage nach der Identität von Gesellschaften erschwert sich noch dadurch, dass sie einen fortlaufenden Zu- und Abgang ihrer Mitglieder zu verzeichnen haben. Zygmunt Bauman (2000; S. 315f.) vergleicht sie deswegen mit einem Wasserwirbel in einem Fluss "Der Wirbel scheint eine feststehende Gestalt zu besitzen und deswegen (...) seine 'Identität' zu bewahren - trotzdem kann er (...) kein einziges Wassermolekül länger als ein paar Sekunden behalten."

Margaret Thatcher (1987) hätte, wenn sie Soziologin gewesen wäre, diese Diskussion um das Wesen der Gesellschaft sicherlich mit ihrem folgenden Statement bedeutend bereichern können:

> *„Who is society? There is no such thing! There are individual men and women and there are families".*

Aber könnte die Soziologie überhaupt fortbestehen, wenn man mit Margaret Thatcher annehmen müsste, dass es gar keine Gesellschaft gibt? In diesem Text will ich kurz darlegen, wie die Soziologie die Gesellschaft für sich entdeckte, wie ihr Gesellschaftsbegriff sich entwickelte, welche Konsequenzen dieser Gesellschaftsbegriff für ihre Evolution hatte und was passieren würde, wenn man davon ausgehen müsste, dass Margaret Thatcher am Ende Recht hat und es Gesellschaft im soziologischen Sinne gar nicht gibt. Etsi non daretur societas.

1. Soziologie mit Gesellschaft

Die Herkunft des Begriffes zeigt, dass lange Zeit niemand „die Gesellschaft" als eigenständiges Forschungsobjekt erkennen wollte. In einigen Sprachen gab es überhaupt nicht das passende Wort dafür und musste erst mit Einführung der Soziologie als akademischem Fach entwickelt werden (Ishida 2008; S. 73-81).

Das deutsche Wort „Gesellschaft" kommt von „Geselle", was wiederum die gleiche Wortwurzel wie „Saal" hat. Gemeint ist mit dem Wort also ursprünglich lediglich, dass Menschen, die nicht blutsverwandt miteinander sind, zusammen unter einem Dach wohnen (Kluge 1989; S. 262). Ähnlich verhält es sich mit den modernen Ableitungen vom lateinischen „societas" – also z.B. „society" im Englischen oder „société" im Französischen. Das Wort lässt sich vom Begriff „socius" = Verbündeter herleiten (Robert 1993; S. 2439; Pianigiani 1988; S. 1299). Auch hier spielt der Gedanke eine tragende Rolle, dass kein blutsverwandtschaftliches Verhältnis zwischen den Beteiligten besteht. Die vom Protosoziologen Ibn Khaldun (1332-1406) vorgeschlagene Unterscheidung zwischen *Asabiya* und *Umma* beschreibt in etwa das, was die deutsche und die französische Sprache hier sagen wollen (Grutzpalk 2007).

Einer der Gründerväter der Soziologie in Deutschland, Ferdinand Tönnies, hat in seinem Buch „Gemeinschaft und Gesellschaft" 1887 auch noch diese Unterscheidung hervorgehoben: Gemeinschaft äußert sich für ihn in erster Linie als „Gemeinschaft des Blutes,", die sich wiederum „zur Gemeinschaft des Ortes besondert (...) und diese wiederum zur Gemeinschaft des Geistes " (Tönnies 1922; ; S. 14). Gesellschaft wiederum beschreibt Tönnies (1922; S.

51) „als eine Menge von natürlichen und künstlichen Individuen, deren Willen und Gebiete in zahlreichen Beziehungen zueinander und in zahlreichen Verbindungen miteinander stehen und doch voneinander unabhängig und ohne gegenseitige innere Einwirkungen bleiben." Die Beziehungen zwischen den Menschen werden hier durch Geld, Verträge und Arbeit bestimmt. Allerdings war für Tönnies „Gesellschaft" ein „fiktives und nominelles Gedankenspiel", das „in der Luft" schwebe. Er hielt Gesellschaft also eher für eine folgenschwere Idee als für eine empirische Wirklichkeit (Tönnies 1922; S. 51).

1.1. Die Entdeckung der Gesellschaft im „Durchschnitt einer großen Zahl"

Gesellschaft als Forschungsobjekt wurde erst langsam und durch statistische Verfahren sichtbar gemacht, die sich ab dem 17 Jahrhundert in Europa durchsetzten. Die Soziologie ist historisch gesehen ein Kind der Sozialstatistik, die ihrerseits ein Kind der öffentlichen Verwaltung ist. Seit der Entwicklung der Schrift war es Verwaltungen möglich, alle möglichen Daten festzuhalten: z.B. wie viele Untertanen in einem Reich lebten, wer wie viele Steuern zu zahlen hatte, welche Waren mit welchen Nachbarstaaten ausgetauscht wurden (Goudsblom 1979; S. 40f.). Aber erst ab dem 17. Jahrhundert wurden solche öffentlich gesammelten Daten zusammenhängend ausgewertet. So erforschte der Brite John Graunt 1665 anhand des Londoner Sterberegisters die in seiner Zeit hauptsächlich vorkommenden Todesursachen (Landwehr 2011; S. 22). Es ist aus Sicht der Soziologie bemerkenswert, dass bis zu diesem Zeitpunkt offensichtlich noch niemand auf die Idee gekommen war, behördlich ge-sammelte Einzeldaten so zusammenzufassen, dass Informationen über einen „Durchschnitt einer großen Zahl von Menschen" erhoben wurden (Doyle 2012; S. 84).

Man schien nun mit der Sozialstatistik Mittel an der Hand zu haben, Aussagen über den "Zustand des Kollektivgeistes" (Durkheim 1984; S. 110) machen zu können. Die Hoffnung machte sich breit, „dass nur eine geschickte Handhabung der verfügbaren Daten die fundamentalen ‚Gesetze' des sozialen Universums schon offenbaren würde" (Goudsblom 1979; S. 45).

Der erste Autor, der von einer Wissenschaft namens Soziologie sprach, war Auguste Comte (1798-1857), der sich von diesem Fach nicht weniger als die rationale Steuerung gesellschaftlicher Prozesse erhoffte. Er formulierte eine Faustformel, an der sich die Soziologie lange Zeit orientierte: wahre (soziologische) Wissenschaft bestehe darin, anhand verfügbarer Daten neues Wissen zu produzieren, das wiederum dazu diene, Entwicklungen vorherzusehen, was dann ermögliche, effektiv zu handeln (kurz: „Savoir pour prévoir, prévoir pour pouvoir") (zit. nach Schluchter 2005; S. 108). Dieses Konzept war erfolgreich: schon 1843 hielt das Wort "scoiology" Einzug in die englische Sprache (Hendrickson 2004; S. 673).

Die Entstehung der Soziologie hängt also eng mit dem zusammen, was Lucian Hölscher (1999) die „Entdeckung der Zukunft" genannt hat: die Abkehr von der mittelalterlichen Vorstellung, dass die Zukunft Gottes Willen unterworfen sei, und dem Aufkommen der Idee planbarer Zukunft. Es ist kein Zufall, dass die Soziologie zeitgleich mit einer modernen Vorstellung von Verwaltung das Licht der Welt erblickte, deren Aufgabe u.a. in der „Abwendung der (...)

bevorstehenden Gefahren" gesehen wurde (Preußisches Allgemeines Landrecht 1794). Beide: Soziologie und moderne Verwaltung haben die Absicht, die Zukunft gesellschaftlicher Entwicklungen vorauszusehen und planvoll darauf einzugehen, was da auf einen zukommt. Statistik wurde als die Methode angesehen, wie ein gestaltender Blick in die Zukunft möglich sein könnte.

1.2. Was ist Gesellschaft? Die Antwort einiger soziologischen Riesen

> *„Ja, Statistiken. Aber welche Statistik stimmt schon? Nach der Statistik ist jeder vierte Mensch ein Chinese. Aber hier spielt gar kein Chinese mit."* (zit. nach Zeigler 2009; S. 239)

Sportreporter Werner Hansch hat mit diesem launigen Kommentar - wohl unbeabsichtigt - eine wichtige Frage der Soziologie angesprochen: spiegelt die Sozialstatistik überhaupt eine gesellschaftliche Realität? Wie ließe sich diese Realität genauer erkennen und beschreiben? Und woran erkenne ich überhaupt Gesellschaft? Insbesondere diese letzte Frage hat drei der „Riesen" der Soziologie, Karl Marx, Emile

74

Durkheim und Max Weber (Merton 1993), nachhaltig beschäftigt. Ihre Antworten fallen unterschiedlich aus, aber gemeinsam haben sie die Entwicklung der Soziologie als Wissenschaft stark geprägt:

Emile Durkheim beschreibt die Gesellschaft als „chose" (franz. = Ding), also als etwas, was man sichtbar machen kann. Man hat diesen Ansatz deswegen auch „Chosisme" genannt. Dabei ist es nicht die Gesellschaft selbst, die wir sehen können, sondern die Spuren, die sie in den Erwartungen ihrer Mitglieder hinterlässt. Der soziale Tatbestand (fait social) ist nun das, was die Soziologie zu ermitteln in der Lage ist. Er ist das, was der Mensch nicht aus sich heraus, sondern als Antwort auf die Erwartungen der Gesellschaft hin tut:

> „Wenn ich meine Pflichten als Bruder, Gatte oder Bürger erfülle (...), so gehorche ich damit Pflichten, die außerhalb meiner Person und der Sphäre meines Willens im Recht und in der Sitte begründet sind." (Durkheim 1984; S. 105)

Der soziale Tatbestand ist also Ausdruck des sozialen Lebens, das mehr ist als die Summe der

Einzeltätigkeiten. Er ist eine eigenständige Realität („sui generis"). Er wirkt 1. von außen, hat 2. zwingenden Charakter und gilt 3. universell (Durkheim 1984; S. 105ff.). Der Mensch in der Gesellschaft ist soziales Wesen aufgrund seiner moralischen Bindungen. Sobald er einer sozialen Pflicht nachkommt, geschieht das unter Einfluss einer sozialen Ordnung, die sich von außen dem Verhalten des Einzelnen aufdrängt.

Am deutlichsten erkennt man das „Ding" namens Gesellschaft an der Sanktion – denn das, was Gesellschaften bestrafen, ist in ihren Augen ein Fehlverhalten gegen ihre Regeln. Deswegen – so argumentiert Durkheim weiter – muss es in jeder Gesellschaft Fehlverhalten geben. Denn nur dadurch, dass es sanktioniert wird, erkennen die Gesellschaftsmitglieder die Geltungsmacht der Regeln. Selbst eine „Gesellschaft von Heiligen", so Durkheim (1984; S. 157ff.), kennt ahndungswürdige Vergehen gegen ihre Normen. Denn ohne Sanktion wüsste niemand, welche diese Normen überhaupt sind.

Eine andere Annäherung an die Gesellschaft geht insbesondere auf **Max Weber** zurück. Seine Soziologie geht vom handelnden Individuum und von Institutionen aus. Weber schreibt, man brauche zum Verständnis seiner Soziologie nur zwei Grundbegriffe, nämlich Handlung und Ordnung, „aus denen sich alles weitere" ableiten lasse (Schluchter 1988; S. 351, Fn 30).

„Soziales Handeln" ist für Max Weber nun eines, „welches seinem von dem oder den Handelnden gemeinten Sinn nach auf das Verhalten anderer bezogen wird und daran in seinem Ablauf orientiert ist" (Weber 1975; S. 8). Es ist also ein Handeln, das davon ausgeht, dass die anderen Handelnden auch sinnhaft handeln. Ein Fahrradunfall ist deswegen kein soziales Handeln, weil er den Akteuren einfach passiert. Ein Verkaufsgespräch hingegen ist soziales Handeln im Sinne Max Webers: Verkäufer und Käufer orientieren ihr Verhalten an den – z.B. auf dem Markt üblichen – Regeln.

Erleichtert wird den Handelnden ihr Tun durch das Bestehen von Ordnungen. Für deren „Innehaltung" sehen sich Weber (1976; S. 64) zufolge so genannte „Verbände" zuständnig. Diese ordnungsstiftenden Verbände reichen von Familien über Vereine und Religionsgemeinschaften bis hin zu Staaten, die das

Gewaltmonopol in den Händen halten. Arnold Gehlen (1904-1976) wird später von Institutionen sprechen, anhand derer man Gesellschaften erkenne. Gemeint ist damit letztlich das, was Max Weber mit Verbänden meint: Gesellschaftliche Institutionen sind Einrichtungen, die dem Individuum Regeln aufgeben, es aber auch in einen sinnhaften Kosmos einbetten, ohne den man als Mensch nicht gerne leben möchte.

Soziales Handeln orientiert sich also an Regeln, die von einer Ordnung vorgegeben werden. Es ist dabei meistens zweckrational (Parsons 1986; S. 110f.), kann aber auch wertrational (durch „Glauben an den (...) Eigenwert eines Sichverhaltens" (Weber 1976; S. 44)), affektuell bzw. emotional und durch eingelebte Gewohnheit – also traditional motiviert sein (Weber 1975; S. 44). Diese Orientierung an einer Ordnung gilt selbst dann, wenn die Ordnung verletzt oder umgangen wird, wie Weber am Beispiel des Falschspielers erläutert. Der verletzt zwar die Spielregeln, zeigt aber durch sein heimliches Handeln, dass er von deren Geltung ausgeht (Weber 1907; S. 132). Am Beispiel des Falschspielers zeigt sich auch, dass die Qualität eines Handelns den Sozialwissenschaftler unberührt lässt. Ob falsch zu spielen verwerflich sei, ist eine Frage, die zu beantworten er der hintergangenen Gesellschaft überlässt.

Gesellschaft besteht für Durkheim und Weber darin, dass sie sich dem Einzelnen (in Form von Sanktionen oder mittels Institutionen) aufzwingt. Und in der Tat kann jeder von uns diese Erfahrung unmittelbar nachvollziehen: Ich suche mir nicht aus, welche Muttersprache ich spreche – die Gesellschaft hat sie bereits für mich ausgesucht. Ich folge Anstandsregeln, die ich nicht erfunden habe – die Gesellschaft kannte sie schon lange vor mir. Ich kann mich (fast immer) darauf verlassen, dass andere sich an bestimmte Regeln halten – denn die gesellschaftlichen Institutionen setzen sie durch.

Auf die Frage von Magret Thatcher, wer denn Gesellschaft sei, würden Weber und Durkheim also antworten, dass sie das auch nicht sagen könnten, dass man aber die Spuren der Gesellschaft erkennen könne, die sie am Einzelnen hinterlasse. Darin ähnelt sie den Elementarteilchen, die Physiker im Teilchenbeschleuniger CERN entdecken wollen. Auch sie sind für sich genommen nicht sichtbar – doch ihre Spuren lassen sich nachvollziehen

Karl Marx (1971; S. 9), hat nun festgehalten, es sei „nicht das Bewusstsein der Menschen, das ihr Sein, sondern umgekehrt ihr gesellschaftliches Sein, das ihr Bewusstsein" bestimme. Wobei Marx mit „gesellschaftlich" in erster Linie die Position des Menschen in einem ökonomischen Gefüge meint. Der Mensch werde durch diese Strukturen mehr geprägt als dass der Mensch seinerseits die Strukturen beeinflussen könne. Um es etwas dramatisch und mit Georg Büchner (1980; S. 251) zu sagen: „Der Einzelne ist nur Schaum auf der Welle" seiner gesellschaftlichen Gegebenheiten.

1.3. Soziologische Autopoiesis

Die Lebensdaten der hier genannten Riesen Marx (1818-1883), Durkheim (1858-1917) und Weber (1864-1920) machen deutlich, dass die grundlegenden Aussagen der Fachsoziologie über die Gesellschaft vor über einem Jahrhundert durchformuliert wurden. Die Fachsoziologie hat sich danach selten mit der Grundsatzfrage beschäftigt, ob es überhaupt

Gesellschaft gebe. Und Zurufe aus der Politik, wie der Margaret Thatchers, wurden bis vor Kurzem überhört (Latour 2005; S. 5). Die Fachsoziologie ist eher der Frage nachgegangen, wie der theoretische Rahmen, in dem sie funktioniert, verbessert werden könne (Parsons 1994, Schwingel 1998, Fuchs Ebaugh 1988 etc.). Sie hat dabei eine beeindruckende – und in vielen Bereichen inhaltlich sehr überzeugende - Bibliothek zusammengetragen, die sich mit Begriffen wie Schicht / Milieu / Klasse, Mikro- / Makrosoziologie, Werte / Normen, Sozialisation, Kultur, Gender, Rolle, Habitus etc. beschäftigt – Begriffe, die in ihrem soziologischen Sinn das Vorhandensein einer Gesellschaft voraussetzen.

Die Systemtheorie kappt am Ende gänzlich die Verbindung zu den von Margret Thatcher beschworenen „individual men and women and ... families" gänzlich, indem sie Gesellschaft als „das umfassende Sozialsystem" beschreibt, „das alles Soziale in sich einschließt" (Luhmann 1987; S. 555). Diese Sichtweise verlangt einen „Verzicht auf jede substanzialisierte Auffassung von Individuen und Akteuren" (Luhmann 1987; S. 155). Soziologie im Sinne der Systemtheorie beschäftigt sich mit sozialen Systemen, die sich einer Umwelt gegenüber abgrenzen und intern selbstreferentiell sind (Luhmann 1999; S. 180). Der Begriff „Autopoiesis" beschreibt, dass geschlossene Systeme sich mit ihren eigenen Themen beschäftigen. Sie ist die „Reproduktion der Einheiten des Systems" (Luhmann 1987; S. 61).

Will man die Fachsoziologie als autopoietisches System ansehen, so wird man feststellen, dass „Gesellschaft" als Kernkonzepte ihrer Disziplin selbstreferentiell reproduziert wird. Die Annahme, dass es Gesellschaft gibt und dass diese als eine über-individuelle Kraft in Erscheinung tritt ist für die Fachsoziologie von zentraler Bedeutung. Mehr noch: Gesellschaft wird als für das menschliche Leben unabdingbar angesehen: ohne sie, so z.B. Luckmann und Berger (1966; S. 51f.) müssten die Menschen vertieren. Es kann nicht verwundern, dass die Soziologie eine Anthropologie vom Menschen als "Mängelwesen" entwickelt hat, das ohne Gesellschaft nicht leben kann (Henecka 2000; S. 60-64).

2. Soziologie ohne Gesellschaft

Doch wie angekündigt soll es hier ja darum gehen zu prüfen, ob Soziologie auch ohne das a priori, es gebe eine Gesellschaft, funktionieren kann. Manuel DeLanda jedenfalls behauptet das:

> *"Is there (...), such a thing as a society as a whole? Is the commitment to assert the existence of such an entity legitimate? And, is denying the reality of such an entity equivalent to a commitment to the existence of only individual persons and their families? The answer to all these questions is a definitive no."*
> (DeLanda 2005; S. 8).

Der Begriff, der sich bei der Klärung der Frage nach einer Soziologie ohne Gesellslchaft anbietet ist der der **Emergenz**. Das Wort bedeutet ursprünglich, dass etwas auftaucht, was vorher noch nicht da war – daher kommt auch die Benutzung des Wortes im Englischen für den Notfall („emergency") (Pianigiani 1988; S. 463).

Für Wissenschaftler ist der Begriff dann interessant, wenn er im Gegensatz zur so genannten „Reduktion" verstanden wird. Denn gehört es normalerweise zur

Wissenschaft, Phänomene auseinanderzunehmen und die Einzelteile in ihrem jeweiligen Zusammenhang zu verstehen, so geht Emergenz der Frage nach, welche eigenen Eigenschaften der Zusammenhang der Einzelteile hat (Mitchell 2008; S. 34f.; auch: Pianigiani 1988; S. 1232f.). Nicholas Christakis und James Fowler (2010; S. 45) zitieren das Beispiel des Kuchens, um das zu verdeutlichen. Der Geschmack des Kuchens komme in keiner seiner Einzelzutaten vor, denn er sei mehr als Summe seiner Zutaten.

> *„Die Idee der Emergenz (...) besagt, dass aus dem Zusammenspiel von Teilen mehr entsteht als jedes Teil für sich oder eine bloße Summe der Teile ergeben hätte. (...) Emergenz meint, dass sich aus dem Zusammenspiel der Teile nicht nur ein quantitatives Mehr, sondern etwas qualitativ Neues und Anderes ergibt."* (Schwietring 2011; S. 44).

Häufig wird die Aussage des wissenschaftlichen Begriffes in der Formel zusammengefasst, das Ganze sei mehr als die Summe seiner Teile (Mitchell 2008; S. 35). Gesellschaft, so ließe sich hier argumentieren, ist mehr als die Summe der ihr angehörenden Individuen, die im Gesellschaftssystem nur in ihren jeweiligen systembezogenen Funktionen denkbar sind. Ergo gibt es Gesellschaft! So argumentiert jedenfalls Talcott Parsons (1937; S. 43) und – auf ihn aufbauend - Niklas Luhmann (1984; S. 43):

„Theoretisch umstritten scheint zu sein, ob die Einheit eines Elementes als Emergenz ,von unten' oder durch Konstitution ,von oben' zu erklären sei. Wir optieren entschieden für die zuletzt genannte Auffassung."

Skeptisch äußert sich hingegen Bruno Latour (2005; S. 238) wenn er demgegenüber feststellt, Gesellschaft sei nur die Konsequenz menschlicher Assoziationen und nicht deren Ursache. Die Frage ist also in Wirklichkeit alles andere geklärt, ob es eine Gesellschaft gibt, die sich dem Einzelnen aufzwingt. Mit gleicher Wahrscheinlichkeit kann man auch vermuten, dass vernetzte Individuen, die sich gegenseitig nachahmen den gleichen Effekt haben, wie die von den bisher zitierten „Riesen" der Soziologie unterstellte „Gesellschaft".

2.1. Vom Einzelnen zum Ganzen und zurück

Der „unsichtbare Riese" der modernen Soziologie, **Gabriel Tarde** (1843-1904), hat diesen Gedanken in die Debatte eingebracht. Nur weil man Gesellschaften für „für etwas wahrhaft Seiendes" halte, seien sie das in Wirklichkeit noch lange nicht (Tarde 2009a; S. 20f.). Mehr noch: für ihn ist „die allumfassende soziologische Sichtweise" lediglich ein Gespenst (Tarde 2009a; S. 59). Statt von einer übergeordneten Gesellschaft spricht er von einer „Evolution durch Zusammenschluss elementarer Organismen zu komplexeren Organismen". Dieser Evolution liege ein „Bedürfnis nach Gesellschaft" ihrer Einzelbestandteile zugrunde (Tarde 2009a; S 29f.). Darin ähnele sich die menschliche Gesellschaft mit der atomaren (Tarde 2009a; S. 51). Hier wir dort geschehe „alles als Erfindung und Nachahmung" (Tarde 2009b, S. 27).

Bruno Latour hebt hervor, dass Gabriel Tarde den sozialdarwinistischen Versuchungen seiner Zeit widerstehen konnte, weil er die Botschaft der Evolutionstheorie verstanden hatte, dass es kumulative Prozesse sind, die zu komplizierten Organismen führen. Tarde, so schreibt Latour (2012; S. 154), "might be considered the only French Darwinian, the only one who saw that the problem of composing organisms was the same in human and biological assemblages. No overall scheme in one, no overall scheme in the other. And especially, no 'law of the jungle'."

Das Phänomen Internet scheint Tardes Vermutung zumindest teilweise zu bestätigen. Um es am Beispiel des Web2.0 und mit den Worten Stefan Münkers (2009; S. 27) deutlich machen: „Digitale Medien determinieren ihren Gebrauch nicht, digitale Medien entstehen erst durch ihren Gebrauch!" Ohnehin wird in Zeiten des Internet deutlich, „dass die wichtigsten Ingredienzien der postmodernen Gesellschaft netzartig-emergenten Charakter haben" (Warnke 2011, S. 116). Das Internet hat uns die Augen dafür geöffnet, dass soziale Prozesse „bottom up"-Prozesse sind (Johnson 2003; S. 67).

2.2. Selbstorganisation auf Trampelpfaden

Aber wie kann man sich eine Emergenz vorstellen, die nicht von übergeordneten Institutionen gesteuert wird? Wie hat man sich eine bottom-up-Emergenz vorzustellen? Wenn man sich nicht-hierarchisierte, lokal organisierte Prozesse wie den Bau eines Ameisenhügels oder die Entwicklung eines Organs durch Körperzellen genau ansieht, stellt man fest, dass sich hier mindestens eine Behauptung Gabriel Tardes als richtig erweist: die einzelnen Akteure – ob nun Zelle oder Ameise – ahmen sich gegenseitig nach:

> *„Cells self-organize into more complicated structures by learning from their neighbors. (...) a cell looks around to its neighbors and finds that they are all working away steadily to create an eardrum or a heart valve, which in turn causes the cell to start laboring away at the same task"* (Johnson 2003; S. 84ff.)

Es ist also nicht die DNA, die den vielen Milliarden Zellen sagt, was sie in ihrer Zellgesellschaft zu tun haben, sondern es sind die Zellen, die sich, indem sie sich an anderen Zellen orientieren, an einem emergenten System beteiligen, ohne das aktiv zu wollen. Ohne ihre spezifische Aufgabe im System, z.B. Teil einer Herzklappe zu werden, wäre sie immer noch eine Zelle (Latour 2009, S. 51).

Wenn wir diese Beobachtung auf menschliche Gesellschaften übertragen, können wir vermuten, dass die Dinge hier zumindest ähnlich liegen. Das „Bedürfnis nach Gesellschaft", das Gabriel Tarde allen Einheiten unterstellt, die sich zu Organismen zusammenfügen, ist bei uns Menschen sicherlich schon von Natur aus gegeben. Nicht zuletzt die Entdeckung der Spiegelneurone bei Menschen macht diese Aussage mit Gewissheit möglich. Sie liegen dem „Erkennen und Verstehen der Bedeutung der (...) Akte der anderen zugrunde" (Rizzolati / Sinigagalia 2008; S. 106) und ermöglichen letztlich, dass Nachahmungssysteme entstehen, die sich zu dem kumulieren könne, was wir Kultur nennen.

Menschen leben in sozialen Netzwerken und auch dieses „Bedürfnis nach Vernetzung ist zumindest teilweise genetisch bedingt" (Christakis / Fowler 2010; S. 276). Aktuelle Netzwerkforschung legt nahe, dass „wir wollen, was die Menschen in unseren Netzwerken wollen" (Christakis / Fowler 2010; S. 286). Auch wir, das lernen wir daraus, orientieren uns an unseren Nachbarn um unsere Funktion in einem höheren Organismus – z.B. einer Gesellschaft - anzutreten.

Wenn man von dieser Voraussetzung ausgeht, lässt sich die Emergenz von Gesellschaften leichter verstehen: wir orientieren uns aneinander, richten dabei soziale Institutionen ein die wiederum unsere Anpassungsleistung verlangen, woraufhin sich das System wiederum verändert.

Man kann diese Entwicklung anhand von Trampelpfaden veranschaulichen: „Ein Mensch hinterlässt eine Spur im Gelände, ein anderer folgt ihr, am Schluss entsteht ein hochkomplexes Wegesystem - ganz von allein" erklärt Physiker Dirk Helbing. Die Individuen orientieren sich nun an dem entstandenen Wegesystem und nehmen dafür sogar Umwege in Kauf: „Erst wenn die Gesamtstrecke durch den Umweg 20 bis 30 Prozent länger wird, beginnen Menschen, eigene Pfade zu bahnen", erklärt Helbing (Ankowitsch 2010). Dann kommt es zu Weggablungen, Abzweigungen etc. Das System verändert sich und verlangt ab nun eine Anpassung der Individuen an die neuen Gegebenheiten. Hier wird deutlich erkennbar, wie System und Individuum einander fortlaufend beeinflussen und bedingen: „Individuals change the local properties of their environment, which influences the motion of

others, which further alters the environment, and so on"
(Couzin / Krause 2003; S. 1).

2.3. Per Wagenheber auf den Mount Improbable

Couzin und Krause erläutern diesen Zusammenhang
zwischen Individuum und System, den man mit
Michael Tomasello (2006; S. 55) auch
„Wagenhebereffekt" nennen könnte:

> „*Systems often exhibit a recursive, nonlinear
> relationship between the individual behavior
> and collective (‚higher order') properties
> generated by these interactions; the individual
> interactions create a larger scale structure,
> which influences the behavior of individuals,
> which changes the higher order structure, and
> so on.*" (Couzin / Krause 2003; S. 1).

Könnte man sich Gesellschaft als die Summe
verallgemeinerter und individuell genutzter Trampelpfade vorstellen? Ist Gesellschaft die Summe parallel
laufender Wagenhebereffekte, in denen System und
Individuum sich immer wieder erneut aufeinander
anpassen? Oder gelten diese hier beschriebenen

Prozesse eher für kleine Gruppen (Christiakis / Fowler 2010; S. 317f.) und haben mit den modernen Massengesellschaften nichts zu tun? Aber letztlich muss doch auch für sie gelten, was für Trampelpfade gilt: Massengesellschaften sind letztlich nichts anderes als selbstorganisierte Systeme – auch wenn das Individuum bei der schieren Masse an Akteuren aus dem Blickfeld geraten kann.

Vielleicht hat die Fachsoziologie deswegen vermutet, dass die Massengesellschaft anders sei als andere von Menschen selbstorganisierten Systeme. Vielleicht hat der Blick auf Massengesellschaften den Eindruck hinterlassen, sie könnten nur als übermächtige, sanktionierende und institutionalisierte Einheiten, nicht aber als Assoziationen von sehr vielen Menschen angesehen werden.

Dieses Problem kennt Richard Dawkins aus der Vermittlung von evolutionärem Denken. Wie soll Komplexität, wie z.B. die vom menschlichen Auge, durch Evolution entstanden sein? In seinem Buch „Climbing Mount Improbable" erklärt Dawkins mit der Metapher einer Bergtour, wie man sich evolutionäre Entwicklungen vorstellen kann: nicht als großen

Sprung vom Einfachen zum Komplexen, sondern als langsames sich-Fortentwickeln auf der Basis von bereits Erreichtem.

> *„One side of the mountain is a sheer cliff, impossible to climb, but on the other side is a gentle slope to the summit. On the summit sits a complex device such as an eye or a bacterial flagellar motor. The absurd notion that such complexity could spontaneously self-assemble is symbolized by leaping from the foot of the cliff to the top in one bound. Evolution, by contrast, goes around the back of the mountain and creeps up the gentle slope to the summit.“* (Dawkins 2007; S. 121f.)

Ausblick: Soziologie ist auch ohne Gesellschaft möglich

Vermutlich kann man moderne Gesellschaften auch so verstehen: als eine Reisegruppe, die vom Gipfel des Mount Improbable winkt, während der Forscher am Fuß des Berges steht und nicht fassen kann, wie die Leute da bloß heraufgekommen sein sollen. Bis vor wenigen Jahren arbeitete die Soziologie (zusammen mit anderen Wissenschaftszweigen) an der großen Theorie, die uns die Komplexität der Welt umfassend erklären sollte (Richter 2012). Doch die Zeiten scheinen für's Erste vorbei zu sein, wenn man Sandra Mitchell folgt:

> *„Das Universelle hat dem Kontextbezogenen, Lokalen Platz gemacht, und das Streben nach der einen, einzigen, absoluten Wahrheit wird verdrängt durch demütigen Respekt vor der Pluralität der Wahrheiten, die unsere Welt partiell und pragmatisch abbilden."* (Mitchell 2008; S. 152)

Für die Soziologie heißt das, dass sie auch ohne ein geschlossenes Konzept von „Gesellschaft" weiter existieren kann. Sie kann genauso wirkungsvoll erforschen wollen, welche Trampelpfade wen wie auf welchen Weg führen. Damit dürfte sie genug zu tun haben.

Literatur:

Ankowitsch, Christian (2010): Draußen eigene Wege gehen. Wie entstehen Trampelpfade? Wie entdecken wir

Abkürzungen? Und wie kommt es, dass wir uns im Internet ganz ähnlich verhalten? Ein Gespräch mit dem Physiker Dirk Helbing; SZ-Magazin (32); S. 40-43.

Büchner, Georg (1980), Werke und Briefe, W.R.Lehmann (Hrsg.), München

Christakis, Nicholas und James Fowler (2010): Connected! Die Macht sozialer Netzwerke und warum Glück ansteckend ist; Frankfurt a.M.

Couzin, Iain und Jens Krause (2003): Self-Organization and Collective Behavior in Vertebrates: In: Advances in the Studie of Behavior (32); S. 1-75.

Bauman, Zygmunt (2000): Vom Nutzen der Soziologie; Frankfurt a.M.

Dawkins, Richard (2007): The God Delusion; London

DeLanda, Manuel (2005): A New Philosophy of Society. Assemblage Theory and Social Complexity; London, New Dehli, New York, Sindney

Doyle, Arthur C. (2012): The Sign of the Four; London

Durkheim, Emile (1893): La division du travail social; Dissertation: Paris

Durkheim, Émile (1984): Die Regeln der soziologischen Methode; René König (Hrsg.); Frankfurt a.M.

Fischer, Joachim (2008): In welcher Gesellschaft leben wir eigentlich? In der bürgerlichen! (http://www.bpb.de/apuz/31374/in-welcher-gesellschaft-leben-wir-eigentlich-in-der-buergerlichen?p=all)

Fuchs Ebaugh, Helen Rose (1988); Becoming an Ex. The Process of Role Exit; Chicago, London

Goudsblom, Johan (1979): Soziologie auf der Waagschale; Frankfurt a.M.

Grutzpalk, Jonas (2007): Umma und Asabiya. Ein muslimisches Gegenkonzept zu „Gemeinschaft und Gesellschaft" oder eine mögliche Ergänzung der Tönnies'schen „Grundbegriffe der reinen Soziologie"? Tönnies-Forum 1.

Grutzpalk, Jonas: (2013): Network Centric Policing. Moderne Polizeiarbeit im Lichte der Akteurs-Netzwerk-Theorie; In: Bernhard Frevel und Hermann Groß (Hrsg.): Empirische Polizeiforschung XV: Konzepte polizeilichen Handelns; Frankfurt; S. 208-222.

Hendrickson, Robert (2004): QPB Encyclopedia of Word and Phrase Origins; New York

Henecka, Hans-Peter (2000): Grundkurs Soziologie; Opladen.

Hölzer, Lucian (1999): Die Entdeckung der Zukunft; Frankfurt a.M.

Ishida, Takeshi (2008): Die Entdeckung der Gesellschaft. Zur Entwicklung der Sozialwissenschaften in Japan; Frankfurt a.M.

Johnson, Steven (2003): Emergence. The Connected Lives of Ants, Brains, Cities and Software; London

Latour, Bruno (2005): Reassembling the Social. An Introduction to Actor-Network-Theory; Oxford

Latour, Bruno (2009): Gabriel Tarde und das Ende des Sozialen; In: Soziologie der Nachahmung und des Begehrens. Materialien zu Gabriel Tarde; Christian Borch und Urs Stäheli (Hrsg.); Frankfurt a.M.; S. 39-61

Latour, Bruno (2010): Tarde's Idea of Quantification; In: M. Candea (Hrsg.): The Social After Gabriel Tarde: Debates and Assessments; London, S. 145-162

Luckmann, Thomas und Peter Berger (1966): The Social Constructio of Reality: A Tratise on the Sociology of Knowledge; New York

Luhmann, Niklas (1987): Soziale System. Grundriss einer allgemeinen Theorie; Frankfurt a.M.

Luhmann, Niklas (1999): Gesellschaftsstruktur und Semantik. Studien zur Wissenssoziologie der modernen Gesellschaft; Bd. 4; Frankfurt a.M.

Marx, Karl (1971): Zur Kritik der Politischen Ökonomie; In: MEW, Band 13, Berlin.

Merton, Robert K. (1993): On the Shoulders of Giants: A Shandean Postscript; Chicago

Mitchell, Sandra (2008): Komplexitäten. Warum wir erst anfangen, die Welt zu verstehen. Berlin

Münker, Stefan (2009): Emergenz digitaler Öffentlichkeiten. Die sozialen Medien m Web 2.0; Frankfurt a.M.

Parsons, Talcott (1937): The Structure of Social Action; New York

Parsons, Talcott (1994): Aktor, Situation und normative Muster. Ein Essay zur Theorie sozialen Handelns; Frankfurt a.M.

Pianigiani, Ottorino (1988): Vocalobario etimologico dell lingua italiana; Genua

Richter, Peter (2012): Die Organisation öffentlicher Verwaltung. In: Maja Apelt und Veronika Tacke (Hrsg.): Handbuch Organisationstypen. Wiesbaden, S. 91-112.

Rizzolatti, Giacomo und Corrado Snigaglia (2008): Empathie und Spiegelneurone. Die biologische Basis des Mitgefühls; Frankfurt a.M.

Robert, Paul (1993): Dictionnaire alphabéthique et analogique de la langue francaise. (Texte remanié et amplifié sous la direction de Josette Rey-Debove et Alain Rey); Paris

Schluchter, Wolfgang (2005): Handlung, Ordnung und Kultur; Tübingen.

Schluchter, Wolfgang: Religion und Lebensführung, Bd. 2; Studien zu Max Webers Kultur- und Werttheorie; Frankfurt a.M.: Suhrkamp 1988.

Schwietring, Thomas (2011): Was ist Gesellschaft? Eine Einführung in soziologische Grundbegriffe; Bonn

Schwingel, Markus (1998): Pierre Bourdieu zur Einführung; Hamburg

Tarde, Gabriel (2009a): Monadologie und Soziologie; Frankfurt a.M.

Tarde, Gabriel (2009b): Die Gesetze der Nachahmung; Frankfurt a.M.

Thatcher, Margaret (1987): Interview for Woman's Own; www.margaretthatcher.org/document/106689

Tomasello, Michael (2006): Die kulturelle Entwicklung menschlichen Denkens; Frankfurt a.M.

Tönnies, Ferdinand (1922): Gemeinschaft und Gesellschaft. Grundbegriffe der reinen Soziologie; Berlin.

Warnke, Martin (2011): Theorien des Internet zur Einführung; Hamburg

Weber, Max (1907): R. Stammlers „Überwindungen" der materialistischen Geschichtsauffassung; In: Archiv für Sozialwissenschaft und Sozialpolitik 24; S. 94-151

Weber, Max (1975): Soziologische Grundbegriffe; Tübingen